オンリーワン！
それがHALOだ

丸山浩路
クサさに賭けた男

MARUYAMA KOUJI

NHK「課外授業 ようこそ先輩」
制作グループ＋KTC中央出版［編］

丸山浩路：クサさに賭けた男

もくじ

PROFILE

丸山浩路

まるやま・こうじ　（ステージパフォーマー）

一九四一（昭和一六）年、新潟県長岡市に生まれる。今回授業が行われた長岡市立阪之上小学校は母校。

明治大学在学中から、福祉の仕事を始める。卒業後の一九六三（昭和三八）年、二三歳で医師や弁護士の仲間とともにトータルライフカウンセリングの会社を設立。

一九六六（昭和四一）年、日本で初めてのプロ手話通訳者を宣言する。横浜市民相談室カウンセラー、神奈川県更生相談所カウンセラー、日本赤十字神奈川県ろうあセンター事業課長などを経て、一九八三（昭和五八）年、それまでの仕事をすべて捨てて、ステージパフォーマーに転身する。㈱プロジェクトＤＡＮを設立。代表取締役。

現在、ステージ講演で全国を駆け回っている。また、ＮＨＫ教育テレビ「手話ニュース８４５」のキャスター。今までに数多くのドラマや映画で手話指導、監修。テレビドラマ「愛してくれと言ってくれ」などの人気から、手話ブームの陰の火付け役を果たす。

著書には、『イラスト手話辞典』、『百万人の手話』など手話関係のほかに、『鈍行列車』『本気で生きよう！　なにかが変わる』など。また、講演ビデオ「出会い　ふれ愛　感動」第一～三巻（字幕付もあり）、講演ＣＤ、手話学習ビデオなども多数。

ステージパフォーマンス・プロの公演

「カエル！」

「グェグェ」

丸山さんは年に二〇〇回を超えるステージパフォーマンスを演じている。その道のプロフェッショナルだ。

聴衆のだれもが知っている人気の著名人が自らの体験を語る講演会ではなく、また、特定テーマの専門家のセミナー講演でもない。

語られるエピソードは、しばしば聴衆にクサい感じを与えもする。しかし、丸山さんは、「クサいと思うでしょう？　でも、感動するでしょう？」という。そんなエピソードが織りなされ、音楽、手話表現などのトータルな演出方法が駆使されて、知らぬ間に聴衆を引き込んでいく。

「課外授業」番組収録の直前に、ある中学・高校の入学式で行われた講演会の記録を収録し、読者には、プロのステージ「芸」を、紙上で味わっていただこう。

（開演ブザーが鳴り、ピアノが入る。しばらくして笛を吹きながら丸山さん登場）

みんな違ってみんないい

「カエル！　……グェ。カエル！　……グェ。おまえ、かわいそうなやっちゃな。グェグェ。おまえよ、井戸の中にしかいられないからよ、世間に、世の中にでっかい海があるってことを知らねえの。『井の中のカワズ大海を知らず』、かわいそうなやっちゃな。おまえよ、井戸の中にしかいられないからよ、でっけえ海があるのをおまえは知らない。いや、見たこともねえの。かわいそうなやっちゃなあ」

ちょっと待て。ちょっと待て！　井の中のカワズ大海を知らず、いいやんけ。いいだろ、井の中のカワズ大海を知らず、されど空の深さを知ることはできる。井戸の中にいるからこそ天《そら》を見上げることができる。天を見上げることができるからこそ、天の深さ、天の青さを知ることができる。物事は考えようだよ、物事は考えようだ。

花……それぞれ。（ピアノ入る）桜は散った、桜は散った。梅は散るかい？　梅だって散るぜ！　と思うだろ。笑わせるない。梅は『こぼれる』というんだ。桜は散る、梅はこぼれる、牡丹《ぼたん》は崩れる、椿《つばき》は落ちる、菊は舞うというんですよ、諸君。花だって散り方は違うんだよ。桜は散り、梅はこぼれ、牡丹は崩れ、椿は落ち、菊は舞う。みんな違っていていい。

おれたちは両手を広げても空を飛べないよね。どんなに両手を広げても、空は飛べないよね。鳥は飛べるんだよ。でもね、鳥は空を飛べるけれども、大地をダイナミックには走れないんだよ。せいぜいチョッチョッチョッチョッチョッとこんなもん、ダイナミックに走れないんだよ。でも人間は、空を飛べないけれども大地をダイナミックに走ることはできる。

中学一年生にちょっとおうかがいしよう。体をゆすって音が出るかい？　体をゆすってきれいな音が出るかい？　出ないんだよ。でもね、鈴は体をゆするだけできれいな音が出るんだよ。すごいや。でもね、鈴はきれいな音は出すけども、たくさんの歌は歌えないんだ。ぼくたちは体をゆすっただけできれいな音は出ないけども、たくさんの歌を知ってる。「あれ、それどっかで聞いたことがある」と思ったでしょう。金子みすずの、この詩をお届けしましょう。

『私が両手を広げても、お空はちっとも飛べないが、飛べる小鳥は私のように、地面《じべた》を速《はや》くは走れない。私がからだをゆすっても、きれいな音は出ないけど、あの鳴る鈴は私のようにたくさんな唄《うた》は知らないよ。

鈴と、小鳥と、それから私、みんなちがって、みんないい。』

中学・高校入学、おめでとうございます。今日、ご縁いただいた丸山浩路、そして石田桃子です。よろしくお願いします。（拍手）

「クサタレ」「キャラ濃《こ》い」「携帯《けいたい》もみあげ」

登場したときの、君たちのあの軽蔑《けいべつ》の眼差《まなざ》し。「なんだこれ、ついてけねえよ。こいつ変態《へんたい》じゃねえの？」女子生徒諸君、「キャラが濃すぎるわ、キャラが濃すぎる」、あ、ご父兄のみなさん、ご存じないでしょうがね、『キャラが濃すぎる』というのは、つまり『目立ちたがりや』、クサいということでございます。クサい。わたし、日本一クサいタレント丸山浩路、通称クサタレのマル、そう言ってたんですよ。

でもこの前、ジャニーズと共演して、クサタレをやめたね。タッキーやアキヤマくんがおれと出会って、おれの舞台を見て、みんなのけぞったね。「キャラ濃いよ！」と。そのあと、おれはうれしかったね。滝沢くんが叫んだ。「おいしすぎるよ、この人」。（笑い）それからおれは『クサい』という言葉をやめて、キャラが濃い、『キャラ濃いのマル』。

そしてなんとも言えない、このもみあげ。これも滝沢くんがネーミングしてくれたね。「携帯電話みたいなもみあげ二本」。（笑い）おれは喜んだね。そして、「先生、二本とも、電話番号ちゃいます?」。なんと豊かな発想!（笑い）若いってのは好きですよ。

わたしが出てきて、みなさんがほとんど、あのクサーい語り口、メッセージの濃さに「ドヨヨーン、ついていけない」と思ったでしょ。でも考えてみてよ。みなさんは今までいろんな人の話を聞いてきた。小学校、中学校といろんな人の話を聞いてきた。そしてオリエンテーションでも、いろんな先生方の話を聞いておられる。わたしもそのうちの一つだと思ったら、おれは嫌《いや》だね。

おれはプロ。プロである以上、今日の出会いをしばらくは君たちの心におとどめいただきたい。君たちがお帰りあそばされて、お父さんお母さんに「どうだった?　今日のオリエンテーション」「気持ち悪いの見てきた」。（笑い）それでもいい、それでもいい。なんとか空気を動かしたかった。

わたしだってね、このどんちょうが上がる前に、「あー、先生も緊張《きんちょう》してるな」と思ったんですよ。あそこのところに最初立っていた、あの司会をやったおっちゃん。もう十数年付き合ってんだよ、あの先生とは。

最初会ったころはフッサフサだった。（笑い）会うたんびに励《ハゲ》ましたから、あんなになっちゃった。先生にはほんとに笑っちゃった。だってさ、開演ベルっていうのはふつう、みんなずーっと待ってると、『ブーッ』と鳴るんだよね。みんなに『始まるぞ、始まるぞ』と、そのための開演ベルでしょ。それなのに先生、わざわざどんちょう前まで出ていって「これから開演ベルが鳴ります」。(笑い)ベルが鳴る前にそれを言っちゃ開演ベルの役立たないじゃん。(笑い)

つまりね、新入生を迎えるためにみんな緊張するんですよ。だから、この緊張をすてきな空気の動きに変えて、みなさんにハッピーな気持ちで帰ってもらいたい。そう念じて、今日、ぼくのベストフレンド、石田桃子さんをパートナーとしてみなさんにご紹介したいと思ったんですよ。

石田桃子さんの紹介

丸山　石田桃子、かわいいでしょ？　名前が。(笑い)ね、石田桃子ちゃんは本名？

石田　そうです。

丸山　本名ですよね。あのね、石田桃子さんのお父さんはＮＨＫの名アナウンサーだったんです。今はお亡くなりになったんですが、君たち、歴史を勉強すると出てくるんですが、ケネディ大統領が暗殺《あんさつ》されたとき、向こうのほうから第一報を送ったのが石田武《たけし》アナウンサー。桃子ちゃんのお父さんだったんです。

そのお父さんお母さん、初めて子どもを成したのは結婚後三年経ってから……、三年して彼女が生まれたんですよ。生まれた。そしたらお父さん、迷うことなく決めたね。「桃子」！　モモコ、モモコといっても、この足のももではない。ピーチ、そう、あの花の桃。あるいは果物《くだもの》の桃。石田桃子、かわいい桃子とつけた。どうして？　『桃栗《ももくり》三年柿《かき》八年』。（笑い）

で、そのあとに今度は男の子、つまり弟が生まれたの。何て名づけたの？

石田　太郎です。

丸山　太郎！　生まれた弟が太郎。お父さんはね、ものすごいおもしろい人だったんだよ。これで、姉弟合わせて『桃太郎』。（笑い）

最高やね。で、桃子ちゃんは、あとでご自分でも紹介されますけれども、シンガーソングライター。自分でいろんな曲をつくって、ミュージカルにして、そして『自然環境を守ろう』という運動を起こしているミュージシャンなんです。

石田桃子は本名なの。で、あとで生まれた太郎ちゃんはね、なんと！　芸名《げいめい》を持ったの。「えっ、何、芸名って？」役者やタレントの別の名前を持ったんですよ。太郎ちゃんの今の芸名、石田純一。いろいろ騒がしてるでしょ。（笑い）騒がしてるよね。

石田　そうですね。

丸山　ねえ、あのつらそうな顔見て！　でも、ヒビの入ったものは壊《こわ》したほうがいい。ヒビの入ったものは別れたほうがいいんだ羽賀研二！（笑い）あきらめろ、あきらめろ。ということは、石田純ちゃんは弟で、お姉ちゃんが石田桃子。で、石田純一くんの息子さんは何ていったっけ？

石田　いしだ壱成《いっせい》です。（場内どよめき）

丸山　イエーイ、そうだよそうだよ。あのいしだ壱成。あの「聖者の行進」をテーマミュージックにした、社会系の問題を投げかけたドラマの主人公をやった。そう、桃子ちゃんはまさしくいしだ壱成の伯母《おば》さん。すばらしいこのミュージシャンをみなさまにお届けすれば、おれのことは忘れても、あの人のことは覚えてるだろうと、（笑い）そう思って今日は石田桃子さんと丸山浩路、すてきな時間を過ごしたいと思ってます。今日のパートナー、石田桃子さんです！（「ワルソーコンチェルト」のサワリを弾《ひ》いて石田桃子さがる）

出会いを心に置く

石田桃子さんでした。「え、もう終わったの？」って。違うの、またあとで出てきてもらいますから。こういうふうに話を展開してくと、少しは覚えてもらえると思って。

女子生徒諸君、わたしは約束しよう。今夜ご覧になる夢の中にわたしが登場します。（笑い）キャラ濃いのマル、携帯もみあげのマルが必ず登場する、そう念《ねん》じます！

「念ずるって何？」心に言い聞かせること。自分に言い聞かせること。「こうなれ、こうなれ、こうなれ」。それを念ずるといいます。今の心を胸に秘める、『念ずる』という字は、『今』という字に『心』という字を書く。つまり今の心を持ち続ける。それが念ずるということなんですよ。

今、わたしは何を念じたか。空気よ動け、空気よ動け、君たちの心に丸山浩路との出会いをとどめてもらおう。わたしはプロだ！

「あ、プロ？　手話のプロでしょ。なんか『手話ニュース』とかいろいろ出てるの見てるしさ。それから何だっけ、今度、阪之上《さかのうえ》小学校へ行って『課外授業』もするんでしょう！　手話で」。

そうなんですよ。五月一六日の日曜日、ＮＨＫ総合放送「課外授業　ようこそ先輩」で。

「じゃあ、やっぱり手話のプロじゃん」。いや、それはあくまでもわたしの一つの世界ですよ。わたしはもう一つ、だれにも負けないヘイロウを持っています。「ヘイロウ？　ヘイロウって何？」マイ・ヘイロウ。わたしの光を持っています。

「だから何だ、そのヘイロウって。『こんにちは』って意味？」いや、それはハロー。わたしのヘイロウはＨ・Ａ・Ｌ・Ｏ。その意味は『光』ということです。仏さまの後ろに光る後光《ごこう》。あれをＨＡＬＯというんです。太陽を見てください、月を見てください。周りがぼんやりしています。あのぼんやりした明かりをＨＡＬＯというんです。

　つまりわたしの手話は手段の一つであって、その手話を通して演出する世界がＨＡＬＯとなって、そのＨＡＬＯに包まれてわたしは仕事をしています。

「え、何ですか？　あなたの仕事って何ですか？」出会いを心に置かせていただく語《かた》り部《べ》。

……「えっ、何？」出会いを心に置かせていただく語り部。「寒《サブ》ーい、なんか寒ーい。何だ、その『出会いを心に置かせていただく語り部』って」。

　人間はね、動物と違うところは、人の心に出会いを置かせていただくことができ、そして、人との出会いを心に受けとめさせていただくことができる、これが人間の証《あかし》なんですよ。人間っつうのはすばらしいんだよ。相手の心に出会いを置かせていただくことができる、自分の心に出会いを受けとめることができる。

丸山浩路は、その出会いをみなさまのお心に置かせていただいて、みなさまとの出会いを心に受けとめさせていただいて、運命を変えていきたいんです。いわく、『運命はだれと出会ったかで決まる』。

今はまだ難しい言葉だ。しかし、ちょっとインプットしておいて。『人間の運命というのは、だれと出会ったかで決まる』。君たちの運命はもう半分決まった。「え、どうして？」お父さん、お母さん、それから学校の先生と出会った。だから、ほとんど運命が決まりつつある。

でもそうだろうか。お父さん、お母さん、先生との出会いで、ほとんど運命が決まってしまうのだろうか。実はこれからなんですよ！　これからは、自分で出会いを演出して、自分で運命を変えていくことができるんだよ。そこに必要なのがヘイロウ、光です。

夢を見るためにチャレンジする

おれね、君たちのころはいろんなことにチャレンジしました。あれもやった、これもやった、それもやった。いろんなことにチャレンジしました。で、君たちもそうだろう。今までいろんなことにチャレンジしてきた。すばらしいことだ。

しかし今から一七、八年前の四二歳のときに、おれ、気がついたんです。「えっ、おれ間違えてたよ」「何間違えてたんだよマルさん？」心の中のもう一人の丸山がおれにたずねた。「おれ間違えてたよ。いろんなことにチャレンジしてきたよ」「うん」「そのチャレンジしたこと、全部一番になろうとしたよ」「当たり前じゃん、自分のやりたいことだったら、一番になれ、当たり前じゃんかよ」「チャレンジしてきたよ」「だからそれはいいことだよ」「そのすべてに花を咲《さ》かそうと思ったよ」「いいことじゃないか。チャレンジしたら花を咲かせる。自分がチャレンジしたことに一番になる。すばらしいじゃないか」。

自問自答しているうちに、それが間違いだってことに気がついたんです。「えっ、それ間違い？　だってお父さんお母さん、学校の先生も言うよ、『自分でやりたいと思ったんだろ、最後までやれ』、『せっかくやったんだから一番になるまでやりなさい』、みんなそう言うよ」。

おれたちね、スーパーマンじゃないんだ。神さまじゃないんだよ。あれもやってこれもやって、それもやって、そのすべてに一番を張るってことはできないんです。

チャレンジは結構、やりたいと思ったらチャレンジしてください。中学一年の諸君、小学校のときいろんなことにチャレンジしてきたでしょ？　高校一年の諸君、小学・中学といろんなことにチャレンジしてきたでしょう。なぜ？「やりたいと思ったから」。だからそれは正解なんです。やりたいと思ったことをやる、これは正解。それがチャレンジです。

しかし、やりたいと思ったことは、ここからが大事だ。自分に合ってるのかどうか。やりたいと思ったことを、やりとげられるのかどうか。つまり、それは自分に合ってるかどうかとは別なんです。やりたいと思ったからやっただけ、だから、「チャレンジしたことにすべて花を咲かそうなんて欲張《よくば》るな」ということに気がついたの、四二歳のときに。遅いだろう。

気がついたんです。おれたちはスーパーマンじゃない、神さまじゃない。チャレンジしたものすべてに花咲かそうったって、そうはいかないんだ。

「じゃあ、なんでチャレンジするんですか？」「夢を見るためです！」「え？」「夢を見るためにチャレンジするんだよ」。今日みえたお父さんお母さん、これぐらいの心の余裕を持ってください。チャレンジするということは、夢を見るためなんですよ。

サッカーをやる諸君、「Jリーグの選手になりたい」。いい夢じゃないか。野球をやる諸君、「甲子園《こうしえん》へ行きたい、プロ野球の選手になりたい」。いいじゃないか。今、音楽のレッスン受けてる人、「歌手になりたい」。いいじゃないか。夢を見るためにチャレンジしてきたんです。

しかし、その夢は自分に合わないということに気がつくときがあるんです。

「これさ、すごくいいことだと思ってやったけど、なんだか自分に合わないような気がするな」「これ、わたしやりたいと思ったけど、やっぱりわたしにちょっと合わないような気がする」と思ったら、その夢風船を壊せ。夢イラストを消せ。消していけ、壊していけ。チャレンジして、一、二年思い切りやってみて、「違うな」と思ったら、壊していけ、消していけ。

夢は見るだけでいいんだよ。そして消していくうちに、「これだこれだ、これならわたし、ずっと続けることができるかもしれない」「これだよ、これならおれは自信を持ってずっと続けられる」というものが出てきます。それを『希望』と名づけてください。

夢と希望は違う

「先生、言葉遊びはやめましょうや。夢も希望も同じじゃないですか。そんな言葉遊びしてぼくたちをだまさないでください」「……夢と希望が同じだ？　笑わせるない。夢と希望は違うんだ」「なぜですか？」「千代大海関《ちよたいかいぜき》はなんで大関《おおぜき》になれたんですか」「……夢を持ち続けたからです」「宇宙飛行士の向井千秋《むかいちあき》さんは、なんで宇宙飛行士になれたんですか」「夢を見続けたからです」。

ああそうかい。夢を見ただけで実現するのかい。そんなに甘《あま》いもんか？　違うんだよ。千代大海関もおそらく相撲《すもう》取りになる前はいろんな夢を見たはずだよ。あれをやりたい、これがやりたい、それもやりたい、いろんな夢を見たはずだよ。宇宙飛行士の向井千秋さんも同じ。学校の先生になろうか、あるいは科学者になろうか医者になろうか、いろんな夢を見たはずだよ。

その中で千代大海関は、「おれの体だったら、この馬力を生かすために相撲取りになろう」と、それをチョイス、選んだんだよ。それを希望というんですよ。向井千秋さんはいろんな夢を見たけど、その中で医者になろうと選んだんです。それを希望というんです。

忘れるなよ。今、世の中は、ちょっとそこがあいまいなの。夢を見れば実現する、そんな甘いもんじゃない。夢を見るたびに、いろんなことにチャレンジして夢を消していき、壊していき、そうするうちに「これだ」と思うものが浮かび上がってくる。それを希望というんです。

「値」と「位」

その希望を胸に秘めてまっすぐ行くんです。すると、その希望に値打ちがついてくる。こう語ってくると、「校長先生が言っていました。『自分で決めたことにまっしぐらにぶつかって行け』ってそう言いました」と言う人もいるでしょう。でも、もうそんな言葉は聞きあきた。君たちがすばらしい中学、すばらしい高校で、これからすばらしい青春を展開するにあたって、いい言葉をプレゼントしよう。希望を胸に秘めてまっすぐ行くと、値打《ねう》ちがつくんだよ。値がつくんだよ。

「だから、それ、学校の先生から聞いてます」。でも、丸山浩路の説明の仕方はちょっと違うんだよ。なんで希望を胸に秘めてまっすぐ行くと値打ちがつく？　簡単だ。人間は漢字ではにんべんでしょ。にんべんの隣《となり》にまっすぐの『直』という字をつけてみてください。直球の直だ、直方体の直だ、一直線の直だ。……な、『値』という字になるだろ。

日本語はすてきなんだよ。いろんな夢を見て、その中からなりたいものを一つ選んで、それを胸に秘めていくと、それに値打ちがついてくるんだよ！　なぜ？　人間がまっすぐ行くから値打ちの『値』、値がつく。そして、まっすぐ行くだけじゃだめだ。今度は、にんべんの隣に『立つ』という字をつけてみてください。ほら、一位、二位、三位の『位』という字になるでしょ。位というのはその人の位置だ、その人のポジションだ、その人の輝きだ。さあ、これもわかった？「これだ」と思うものを胸に秘めてまっすぐ行くと値打ちがつく。そのうちチャンスが来る。死ぬまでの間にチャンスは必ずある。「今だ」と思ったら立ち上がれ。すると、それだけの位の上に立てるんだ。そのとき、その希望は叶《かな》ったというのです。

「叶った？　どういう意味、叶ったって」。『口』という字の隣に『十』という字をずーっと伸ばして書きます。これを『叶う』といいます。『実現する』ということです。

オンリーワンを磨《みが》いてマイ・ヘイロウを持つ

それでは、君たちに夢と希望の違いを説明しよう。夢は見るもの、希望は叶えるもの。夢はいっぱい見ようや。その夢、全部実現させようと思うな。自分の希望は、胸に秘める希望は何かわからないから、いろんなことにチャレンジしていく。すばらしいことだ、チャレンジ大賛成。しかし、その全てを実現させようなんて欲張るな。合わないものを消していき、消していきすると、「これだ」と思うものが出てくる。それを希望と名づけてくれ。

さあ、今日から心にインプットしよう。『夢は見るもの、希望は叶えるもの』。

世の中の人よ、言葉は省略しちゃいけない！「夢を見続けるから実現する」、違うんだよ。夢を見るから希望が見つかるんだ。その希望を胸に秘めるから実現するの。そして、それをオンリーワンといいます。「えっ、オンリーワン？」そう、わたしたちはいろんなことにチャレンジしてもナンバーワンになる必要はない。「これだ」と思うもの、それを胸に秘めて一生懸命やって、値打ちがついて立ち上がって、「これがぼくのいちばん自信の持てるものです、これはわたしが人に誇れるものです」となったら、それをオンリーワンと名づけてください。わたしたちは何のために生きるのか。ナンバーワンになるためか。ナンバーリンを張るためか？　違う、オンリーワンを見つけるためです。さあ、それはいつ見つかるかわからないんだよ。中学のときか、高校のときか。あるいは高校を出た後か。わたしは四二歳で「これだ」と思うものが見つかった。わたしのように歳《とし》いってから見つける人もいるかもしれない。

今日のキーワード、『ナンバーワンよりオンリーワン』。そして、そこで止まるなよ。「えっ、まだあるんですか？」そのオンリーワンを磨《みが》け、磨け！　自分が自信を持てるものを磨け。すると、それがその人を包む光になります。笑顔がオンリーワンだと思う人だったら、すてきな笑顔を磨け。すると、笑顔がその人を包む。オンリーワンが知識かもしれない、技術かもしれない、人柄《ひとがら》かもしれない。何であるかわからない。しかし、「これだ」と思うオンリーワンを見つけたら、それを磨いて磨いて磨いて。すると、その人全体がその光、ヘイロウという光輪《こうりん》、ヘイロウに包まれるんです。

おれは今、キャラが濃い。オンリーワンで止まってるんです。まだおれのヘイロウになってないんです。わたしはこれから六〇代、七〇代に向かっていく。そこに必要なのはマイ・ヘイロウ、それを念じています。マイ・ヘイロウ。今、みなさんはおれを見て、「こいつ変態《へんたい》だよ」「こいつ変わりもんだよ」「こいつ目立ちたがりやだよ」と思ってる、それがおれのオンリーワンだ。

そのオンリーワンを、このキャラの濃さを、この何ともいえない語り口、この話の展開の仕方を、おれ、一生懸命磨いて磨いて磨いて磨いて、いつの日にか「この人の話を聞いたら、なんか勇気が出てきた」「この人すごいな、こういう生き方ってあるんだ」、そういう光を自分の体の周りに光らせたい。わたしはそれを、「わたしの光、マイ・ヘイロウ」と言っています。これがチャレンジ、目的ですよ。ナンバーワンじゃない、マイ・ヘイロウ、光ですよ。その光が多くの人に認められたとき、それが『ナイスワン』です。オンリーワンは自分が評価するもの、ナイスワンは他人が評価したものです。

「さっきから『ナンバーワンよりオンリーワン』とか『光』とか『ナイスワン』とか言ってるけどさ、それがあったからってどうなるの?」その光、つまり、オンリーワンに包まれた出会いは、必ず人の心に残ります。

荒れてる中学校からの招待

今日、こういうふうに話を進めていると、あるエピソードがよみがえってくるんです。

あれは、ある中学校の卒業記念講演にご縁をいただいたときの出来事です。スケジュール上うまく空いてたんです。行く四、五日前に情報が入ってきました。その中学はその市内ではワーストワン、バッド・ワース・ワースト、『悪い』という意味のいちばん最上級、ワーストワン。つまり、その市内ではいちばんのワル中学だという情報が入ってきたんです。

そして、その中学にワルが五人いて、そのうちのボスがナイフを持っているという情報が入ってきたんです。ナイフよ、ナイフを持ってる。持ってるだけじゃない、持ってるだけなら他にもいる。そのボスは、ナイフをちらつかせて学校の中を歩く。そういう情報が入ってきたんです。

うちのスタッフは全員わたしが行くのを止めました。「先生、危ない。万が一のことがあったら危ない！」必死になって止めたんです。なぜかわかる？　止めるのが当たり前なんです。うちの事務所はタレントはおれ一人。（笑い）おれが死んだらスタッフも給料もらえないんです。だから必死で止めた。

しかし、おれも〝キャラ濃いのマル〟だもの、〝携帯もみあげのマル〟だもの。止めるぐらいでひるむわけにはいかない。それに、どうせ必死になって止めるはずだ。それで、おれちょっとカッコつけたね。「その手を離したまえ。そういう少年にこそ、わたしとの出会いは大切なのだ」と言ったら、そのときに限ってうちのスタッフは「あ、そーですか」って引き留めていた手を離しちゃったのよ！（笑い）離された以上、行かないわけにはいかないでしょ。

行ったの。想像以上にひどかった。窓ガラスは割れてるし、その上に『1─1』とか『1─2』、そういうネームプレートは一切ない。周りを見ると、教室の戸とかはめ板の部分にこれぐらいの穴が開いてるんですよ。まあカッポリと開いてるんですよ、模様みたいに。これぐらいの穴がカポッ、カポッ、カポッと開いてるんです。珍しい模様だな、これどうやって開けたのかな？　頭突きで開けると命がけですよ。一つの穴開けるたんびに一人コーンと行っちゃうんだぞ。

これはどうやって開けたんだろうなと、しばらく生徒さんの様子を見てたんですが、すぐわかりました。廊下で先生がサッサッと近づいてきて、生徒に何か注意して、「わかったな、今度やったら承知しないぞ、気をつけろ」と怒鳴《どな》ってスッと向こうへ歩いていくんです。怒鳴られた生徒が、先生が向こうを向いて歩き始めたとたん、「ざけんじゃねーよ！」。その戸のはめ板の部分に回し蹴《げ》りをするんですよ（丸山さんの回し蹴りの実演に笑い）。

おれ、足短いから回し蹴りに見えないでしょ。（笑い）でも本人はやってるつもりなのよ。先生が怒鳴って向こうへ行くと「ざけんじゃねーよ」。だから、大きい生徒さんは「ざけんじゃねーよ」（大きな動作の回し蹴り）、小さい生徒さんは「ざけんじゃねーよ」（小さな動作）、（笑い）大中小といるから、ちょうどいいくらいに、回し蹴りで穴がカポカポ開いてるんですよ。いや、すげえ学校だな、これは困ったな。

空気が止まった、どうしよう

それで、桃子さんに相談したんですよ。「ねえ、『花咲き山』で出るのはどう？」そしたら桃子さんが、「だってあれ、民話でしょ。中学の卒業記念講演にはちょっと幼稚《ようち》っぽいんじゃないですか？」「想像以上に荒れてるから、どうせ九〇分持たないの。だからさ、『花咲き山』」。みんな知ってる？『花咲き山』。読んだことあるかもしれない。

（ピアノ入る）山姥《やまんば》がアヤという女の子に、「どうしてこの山にいっぺえ花が咲いてるか。それはこの山のふもとの村の人間がやさしいことをするからだ」。やさしいことをすると一つ花が咲くという『花咲き山』。幼なすぎると言われたけど、やっぱりこれで出ていくことをおれは心に決めて、「メルヘンで、なんとはなしに穏《おだ》やかになったでいこうよ」と、打ち合わせを終えたんです。

そして体育館です。体育館の袖《そで》で待ってると、ガヤガヤガヤガヤガヤ。「静かにしなさいっ！」。

シーン。三分するとまたワイワイガヤガヤ。「静かにしろっ！」、シーン、一分するとワイワイガヤガヤ。「静かにしろーっ！」と、先生が怒鳴るんですよ。そしてドーン（足踏み）。何を叩きつけたかというと、剣道《けんどう》の竹刀《しない》のもっとぶっといやつ、カシの木みたいな棒をダーン（足踏み）、「静かにしろっ！」シーン。

その瞬時《しゅんじ》をねらって先生が、わたしの紹介をしてくれました。「それでは、丸山先生よろしくお願いいたします」とリードをいただいて、まず桃子さんのピアノが力強く始まる。（ピアノ入る）そう、それに合わせてどんちょうがダダダダン、ダダダダン、と上がっていく。ピアノはフォルテからフォルテシモにどんどんパワーアップしていく。どんちょうが上がっていく。それに合わせて体育館の生徒たちはビヨヨーン（目をむくオーバーなポーズで、笑い）。「おい、今日は芸術鑑賞会か？」「バカ、卒業記念講演会って聞いてんだろうが」「じゃ、なんでピアノがあるんだよ」「知らねえよ」「丸山浩路って歌手か？」「知らねえよ、バカ」。みんなぼう然、唖然《あぜん》としているところに、『花咲き山』ですから、わたしは上手《かみて》から花を咲かせながら出てきたんですよ。（花を咲かせるオーバーなアクションで、笑い）

そのときですよ、体育館左奥の方からひと言、「アブネェー」。マジで怖《こわ》かった。というのは、こうやって出てきたから、みんな声も出ないわけよ。あっけに取られてるわけ。体育館あがシーンとしているところに、床をはうような声で「アブネェー」。思わず鳥肌《とりはだ》たったね。あそこだ、あそこにワルがいるんだ。ワルの五人がいるんだ。今「アブネェー」と言ったやつがおそらくナイフを持ってるやつだ。よし、今日はあそこをターゲット、あそこを目標にして話を進めていこう。

そう心に言い聞かせて、花を咲かせきったときです。先生が立ち上がったんです。「だれだ、今ふざけたのはだれだ！　前へ来い」。とたんに体育館はシーン、いや、シラーッとしちゃったの。生徒さんたちの心がクローズド、閉まっちゃったんです。『話を聞こう』という目が閉まっちゃったんです。「だれも話を聞かせてくれなんて頼《たの》んでねえよ、てめえたちで勝手に体育館集めといてよ。怒鳴《どな》ることねえだろ、バカ」「怒鳴ることねえだろ、話なんか聞いてやっかよ」「別に聞きたくて来たんじゃねえや」、全員がそんな気持ちになって心が閉まっちゃったんです。体育館がしらけちゃった、空気が止まっちゃった。シラケ鳥が右みても左みても、「♪シーラケ鳥パータパタ、シーラケ鳥パータパタ、シラケ鳥パタパタパタパタパタ」。

どうしよう、どうしよう。いただいた九〇分、わたしがもらった時間だ。その間にナイフで刺《さ》されようと石を投げつけられようと、おれの責任だ。この止まった空気をどうしよう、なんとか動かさなければ。焦《あせ》ったおれの体全体のエネルギーから出てきたパフォーマンスが

「イェーイ」（アイラブユーのおどけたポーズに笑い）。これだったんですよ。

「アイラブユー」のサインランゲージ

入学された諸君、これは君たちの先輩からずーっと伝わっているインターナショナル・サインランゲージです。「何、その舌噛《したか》みそうなインタラどうたらってやつ、何よ」。インターナショナル・サインランゲージ。「だから何だよ？」国際共通サインランゲージ！「手話？」手話じゃない。世界には共通のサインランゲージがあるんだよ。まず第一号がある。「え、世界に共通のサインランゲージ、約束事？ 第一号って何？」それは、ピース、ピースです。これそうだろ？ 勝利、ビクトリーのピース。これが、インターナショナル・サインランゲージの第一号です。

その第二号は「イェイ！」。この、小指と人差し指と親指です。「ねえ、足上げなきゃいけないの？」いや、これはおれの病気です。（笑い）これやるとどうしても足が上がっちゃうんです。「何です、それ？」〝アイラブユー〟ということです。「えっ、アイラブユー？」〝友だちになれてよかった、今日、あなたに会えてよかった、気をつけていってらっしゃい、お帰りなさい〟。つまり、親しい気持ち、感謝の気持ち、そういう気持ちを表すときに、小指と人差し指と親指で『アイラブユー』。小指がアイラブユーのアイの『I』、人差し指と親指がアイラブユーのラブの『L』、小指と親指がアイラブユーのユーの『Y』です。

今年、特に話題になるインターナショナル・サインランゲージ第二号です。入学された諸君、これからの記念写真で「ピース、ピース」はイモです。（笑い）これからの記念写真は「イェイ！」。これですよ。

お母さん、明日からお子さんを送り出すときは、「いってらっしゃい」こうですよ。ご主人を送り出すときは「帰ってくるな」、こうですよ。「イェイ！」。

そこの中学で、「アブネェー」と聞こえた後で、予定してなかったんですがどうしようもなしに、「イェイ！」とやったんですよ。そしたら体育館中、ドーッとみんな笑ったの。ほとんどバカにした笑いだった。（笑い）間違いなかった。「バカが。ようやるよ、このおっちゃん」。でも拍手が出たんですよ。空気は動いた。そこから一気に語りこんで、演じこんでいったね。

体がカーッと熱くなった

で、ちょっと自慢させてくれ。ものの見事に九〇分うまくいったんだよ、泣いて笑って。最初「アブネェー」と言ったやつは、あとは何も言ってこなかった。ナイフも飛ばなかった。

そして「アンコール、アンコール」。熱いコールを背に受けて楽屋に戻る。そして着替えを済ませてると、校長先生が、「いや、おみそれいたしました。うちの生徒たちが、三分以上人の話を静かに聞くなどということはあり得ないことでございます」（笑い）。「いや、それは話す人の能力の問題ですよ」なんちゃって。

それで、校長先生のお見送りを受けてね、玄関を出たんですよ。歩き始めたとたん、何か上の方から「マルヤマーッ、マルヤマーッ」って呼ぶ声がするんですよ。『だれだ、オイ！　おれここに来て気安く呼び捨てにされる覚えないぞ』と思ってね、声のする方を見上げたの。そしたら校舎二階の窓から、一人の生徒が大きく身を乗り出して「マルヤマーッ、マルヤマーッ」（笑い）。おもしろいことするよな、あいつおれの弟子にするかな（笑い）。ああいう目立ちたがりやは立派なオンリーワンだ。おもしろいなと思ったら、校長先生が「ハッ！」とのけぞった。（笑い）「どうしたんですか？」「お聞きかと思いますが、当中学はたいへん荒れておりますので」「はい、十分うかがってきました。ナイフを持ち歩いている生徒もいらっしゃるそうで」「あの生徒です」「エッ!?」「マルヤマーッ、マルヤマーッ」。

おれ、そのとき体がカーッと熱くなったんです。なぜか知ってる？　これはさ、『友だちになれてよかったよ、今日はありがとう、また会いたいよ』、そういう意味があるって講演会のときに振ってたんです。

　だから二階の窓から「マルヤマーッ、マルヤマーッ」。ナイフを持ち歩いてるワルがアイラブユーのサインをやってるってことは、「ありがとさんよ、おもしろかったぜ、あんたならまた会ってもいいぜ」、そんな気持ちが込められているに違いない、そう思ったときに体がカーッと熱くなったんです。

「『ありがとう』なんてダサいこと言えるかよ。他の窓からは他の生徒たちがみんな大きく乗り出して見守っている。おれよ、あんな先公だってからかうこともできんだよ、おまえたちできないだろ、おれはできんだよ」。「マルヤマーッ、マルヤマーッ」とからかっているふりをしながら、わたしには、『ありがとう、また会いたい』というメッセージを送っているに違いない。そう思ったらわたし、体がカーッと熱くなったんですよ。

　何となしに胸がいっぱいになってね、校長先生の方に声をおかけしようと思ってフッと見たら、二階から大きく身を乗り出しているその生徒を、校長先生もジーッと見ながら、「あの生徒がね、あの生徒がねえ……」。つぶやく校長先生の目から涙がツーッ、校長先生が泣いてる。そうか、校長先生はこう思ったんだ。職員会議で「あの生徒はもうどうしようもない、とにかく卒業させよう。それまではもうみんな干渉《かんしょう》するな、好きなようにさせとけ。あれは変わるはずがないんだ、あれはあのままにしとこう」。職員会議できっと決めたかもしれない。しかし、二階の窓から身を乗り出して、アイラブユーを送っているその生徒の真剣《しんけん》な眼差《まなざ》し、ひたむきな表情、それを見たときに、「あの生徒にもこういう気持ちがあったんだ、あの生徒にもこういう熱い心があったんだ。わたしたちは何か間違っていたのかもしれない、いや、間違っていたんだ」。そういう思いが涙として出てきたんでしょうね。

すてきだ、すてきだぜ、この出会いみんなの心に残るよ。校長先生、わたし、石田桃子さん、そしてあの少年にも、心に残るよ。心に残る出会いが多ければ多いほど、運命は必ず変わるよ。いい出会いだ。校長先生は泣いた、久し振りに泣いたはずだ。ワルはワルで久し振りに素直になったはず。わたしと石田桃子さんは、そんなすてきな出会いを、心の中の出会いの玉手箱の中にしまうことができた。今日はいい出会いだ、そんなさわやかな思いを胸に秘めて、その学校を失礼しました。

だれも目にしない「みんな、ありがとう」

するとしばらくして、その学校の先生から手紙が届きました。「過日はご講演ありがとうございました」。講演に対するお礼でした。「講演の冒頭に、失礼なひと言を発した生徒のことをお詫《わ》び申し上げます」。あの「アブネェー」、あのひと言なんですよ。「校長先生からうかがいましたが、丸山先生はナイフを持ち歩いている生徒の存在を知っていたとのことで、あのひと言を発した生徒は、ナイフをいつも持ち歩いている問題のある生徒で、わたしが担任している生徒でした。たいへん失礼いたしました」。お詫びの言葉がずーっと書いてあったんです。そして、「当中学も無事、卒業式を終えることができました」。卒業式の報告でした。卒業式が終わって生徒たちと語りこんでいく、時間が経っていく、辺《あた》りが暮《く》れなずんでいく。

「先生はあと二年ぐらいこの中学にいるんだ。また会えるよ。な、お父さんお母さん待ってるぞ、君たちの中学卒業をお祝いしたい気持ちで待ってるぞ。また会える、先生もう二年ぐらいいるから大丈夫だよ、コングラッチュレーション、おめでとう、卒業おめでとう」。……

「一人ひとりを校門から送り出して、わたしはもう一度、全生徒の子どもたちの思い出を心に残すべく、暮れなずむ廊下を教室に向かって歩き始めました」（ピアノ「ダニーボーイ」入る）

「廊下を歩いていくだけでいろんな思い出がよみがえってきます。ここの廊下はピカピカ光っている。ここだけが光っている。ヨシコだ。ヨシコは一生懸命ここだけぞうきんがけしていたんだ。みんなに『知恵遅れ、ノロマ、バカ』、頭を小突《こづ》かれながら、尻《しり》を蹴《け》られながら、知的障害をバカにされながら、ヨシコは一生懸命ここを磨《みが》いていた。見ろ、ここだけがピカピカ光っている。廊下を行くだけで、いろんな思い出がよみがえってきます」

「そして、暮れなずむ教室に足を踏《ふ》み入れたとたん、わたしの担任した生徒の顔が走馬灯《そうまとう》のように駆けめぐっていきます。ここだ、ここでサカザワとムラタが大ゲンカしたんだ。『おれたちよ、なんでバラバラなんだよ』『試験があるからだよ。みんなちゃんと高校行きてえんだよ』『でもよ、中学三年一回こっきりだよ』『別によ、中学三年なんてなくたっていいんだよ。いい高校行きゃよ、父ちゃん母ちゃん喜ぶんだよ。人のことなんか心配してらんないよ』『それじゃおれたち何のために生きてきたんだよ、何のために生まれたんだよ』『知らねえよバカ』、そう言って二人は取っ組み合いのケンカをした。ゴロゴロゴロゴロ転げ回り、机を全部片づけさせて、真ん中を空けて思い切りケンカをさせた。そのうち二人は肩《かた》を抱き合って、『なんでよ、なんでおれたちムカつくんだよ。なんでおれたちはイライラするんだよ』。声を上げて泣いてた。

フッと前を見ると、黒板に何やらなぐり書きがされてました。辺りが暗いのでよく見えません。わたしは黒板に近づいていって、その書きなぐってある字を読み上げました。〝みんな、ありがとう〟その字は紛《まぎ》れもなく、あのナイフを持ち歩いている生徒の字でした。わたしはその字を見たとき、思わず声を上げて泣きました。

だって先生そうでしょう、卒業式は終わったんです。もう二度とこの教室に戻ってくる友だちはいないんです。それを知りながら、だれも見る者がいないことを知りながら、黒板に向かって……（黒板に書きつけるポーズ）〝みんな、ありがとう〟。あの子の気持ちを思うと、寂しかったろう、切なかったろう。本当は、『みんなありがとう、おれも卒業できるよ』とだれかに言いたかったに違いない。それも言えなくて、だれも見る者がいないことを知りながら、一人黒板に向かって〝みんな、ありがとう〟と書きなぐったあの子の気持ちを思うと、机に顔をうっ伏して、声を上げて泣きました。

先生、あの生徒は丸山先生と出会って確かに変わりました。そしてわたしは、黒板に〝みんな、ありがとう〟と書きなぐったあの子の心に触れて、改めて教師としての、先生としての自覚と誇《ほこ》りを持つことができました。〝運命はだれと出会ったかで決まる〟すてきな言葉をありがとうございます」。

手紙を手にしたわたしも、あの二階の窓から大きく身を乗り出して、わたしにサインを送っていたあの生徒のひたむきな表情、真剣な眼差しが鮮《あざ》やかによみがえってきました。生きるということは、変わるということです。

石田桃子・オンステージ

（拍手、ピアノ入り、石田さんの弾《ひ》き語り）

丸山　ね、桃さんは『地球環境を守る』という運動をしているよね。

石田　はい。

丸山　そういうミュージシャンとして自分のヘイロウを持っているよね。

石田　そうですね。

丸山　そのために一生懸命まっすぐやってきて、地球環境を守るというミュージシャンで値打ちがついた、ね。

石田　（笑いながら）ええ、心を込めてやっているから。

丸山　そうですね。つまり、生きるということはさ、一途《いちず》になるこっちゃね。みなさんも覚えておいてください。自分の得意なものを見つけるためにチャレンジする。そしてその得意なものを見つけたらそれを自分の光にするんだ。磨《みが》いて磨いて磨いて、今日のキーワードは、『ナンバーワンよりオンリーワン』。そのオンリーワンが自分を包むと、それがＨＡＬＯヘイロウです。もう一度繰り返す、ヘイロウは光輪《こうりん》ということ。仏様の後ろに光るあの後光《ごこう》。太陽見てごらん、月見てごらん。周りが薄ぼんやりしている、薄ぼんやりするあの光で神秘的《しんぴてき》に見えるんですよ。仏様も、後ろに光る後光があるから神秘的に見える。人間は自分の光を持とう。マイライトじゃない、〝マイ・ヘイロウ〟。

「自信がない」え？「そんなこと言ったって自信がない」なんで？「だって、いろんなことにチャレンジして一生懸命進んで……、疲《つか》れる、うざったい、やめちまったほうがラク」。もったいねえなあ。「関係ねえだろ、あんたに」。たった一人しかいない自分、たった一度しかない一生、本気に生きなかったら人間に生まれてきた甲斐《かい》がないじゃないか。

筋《きん》ジストロフィーとファミリーバンド

この笛《ふえ》の話を聞いてくれ。「笛って、最初ふざけながら吹いて出てきたやつでしょ」。ふざけて吹いて出てきたんじゃない。この笛に込められているメッセージを君たちに届けたいんですよ。「そんなこと言ったっておもちゃみてえなよ、草笛《くさぶえ》みてえな音出してよ、え、結局ふざけてるだけじゃない、おもちゃだろう、それ」。

これはおもちゃじゃありません。後ろのみなさん、見えにくいでしょうが、小指の第一関節ぐらいの小ささ。ただ、プラスチックが向かい合って、中にリードが入っている楽器です。

「楽器？　だれが吹くんだ、そんな楽器」。筋ジストロフィーの障害《しょうがい》と闘《たたか》う若者たちが吹く楽器です。筋ジストロフィーってね、体中の筋肉が動かなくなってくるんだ。硬《かた》くなってくるんだよ。自分の意志で動かそうとしても動かないんだよ。その筋ジストロフィーと闘う少年・少女たちも、スポーツにチャレンジし、音楽に挑戦《ちょうせん》します。

我が友人、ナカヤマタクヤくんがそうでした。彼は進行してくる筋ジストロフィーと闘いながら自分の青春をギターにかけたんですよ。

つまり、それはタクヤにしかできないオンリーワンのチャレンジでした。発作《ほっさ》が起きて転んだときにケガをしないために、車椅子《くるまいす》にヒモで体を縛《しば》りつけて、そして自分の青春をギターにかけたタクヤのオンリーワンのチャレンジ。（ピアノ入る）まさしく、それはタクヤにしかできないチャレンジでした。

あるとき、お父さんが提案《ていあん》したんです。「タクヤ、ファミリーバンドをつくろうか。いや、お父さんはスチールギターが弾《ひ》けるんだ。お母さんはピアノで、お兄ちゃんはドラムスで、お姉ちゃんはベースで。タクヤ、ナカヤマファミリーバンドをつくろう」。お父さんの提案で、タクヤくんのギターを中心としたナカヤマファミリーバンドが結成されたんです。

レッスンに次ぐレッスン、練習に次ぐ練習。それがある日、新聞に紹介されたんです。すると、テレビ局が取材に来る。そうするうちに電話がかかってきたんですよ。「あ、もしもし、今度、『われら人間コンサート』をやりますから、ご出演いただけませんか」。なんとナカヤマファミリーバンドが、ステージの上で展開していく、そんなすばらしい世界が広がっていったんです。

ステージの上でギターを抱《かか》え、弾き、語り、歌うタクヤは、立っているときの体のバランスを保つために体の脇《わき》に車椅子を置いて、その車椅子に体をヒモで縛りつけることを断りました。「ぼくは自分のギターの音を聞いてもらいたい。車椅子にヒモで体を縛りつけたら、みんなそれだけで感動しちゃうかもしれない。それだけですごいなと思っちゃうかもしれない。ぼくは、ぼくのギターの音を聞いてもらいたいんだ。車椅子は要《い》りません」。

タクヤは、舞台では車椅子にヒモで体を縛りつけることを拒《こば》みました。そして、自分の意思で支えることのできる神経、筋肉に体のバランスを預《あず》けて、ギターを抱え、弾き、語り、歌うステージを展開していったんです。それはタクヤくんにしかできない、まさしくオンリーワンのステージでした。多くの人は感動の拍手を送ったんです。

ギターからドラムス、ボンゴ……

でも、そのギターが弾けなくなったんです。なぜだ？　筋ジストロフィーが進行して、白分の体でギターを支えることができなくなったんです。（ギターを抱えた体が前に倒れる）「ごめん、すいません、ワンスモア、（苦しそうな息づかいをする）オーケー。ワン、トゥー、スリー」（ギターを抱《かか》えたまま崩れ落ちるポーズ）。「タクヤ、ドラムに変わってくれ、タクヤのセンスならいいビートで叩《たた》けるはずだ」。お父さんは考えたんです。『ギターを支えることができないくらいに筋ジストロフィーが進行してきた。でも、ドラムのスティック、あの棒なら持てるはずだ』。タクヤくんはギターからドラムに変わりました。そして、ドラムもたちまち自分のものにしたんですよ。

タクヤの叩くビートで、ファミリーバンドの世界は広がっていったんです。ご承知《しょうち》のように、ドラムスはものすごいエネルギーを消耗《しょうもう》します。光る汗、流れる汗、飛び散る汗、その中でタクヤは、自分の世界を演出していったんです。ドラムを叩き、語り、歌うタクヤのそのステージ、タクヤにしかできないライブに多くの人は熱い拍手を送ります。

しかし、そのドラムが叩けなくなったんです。なぜ？　筋ジストロフィーってやつは憎いやつで、長い時間スティックを握《にぎ》る拳《こぶし》状の形ができなくなったんです。（苦しそうな息づかいのなかドラムのスティックを落としてしまう、そしてそれを拾おうとするポーズ）「ワン、トゥー……」（拾ったスティックがまた落ちてしまう）。「タクヤ、ボンゴ入れるぞ。ほら、両方の膝《ひざ》の間に挟《はさ》んで、小さい太鼓《たいこ》二つ並べて。ファミリーバンドだから楽器編成は自由なんだ。タクヤ、君は今日からボンゴ奏者《そうしゃ》だ」。

お父さんは考えた。ドラムのスティック、あの棒を握ることができないぐらい筋ジストロフィーが進行してきた。つまり、長時間、物を握りしめることができなくなった。しかし、ボンゴなら掌《てのひら》で叩ける。台の上に置けばひじでも打てる。「タクヤ、君は今日からボンゴ奏者だ」。

ギターからドラム、ドラムからボンゴ、そのドラムもボンゴもたちまち自分のものにしたタクヤは、ボンゴを叩きながらさわやかに語り、歌っていったんです。(ピアノ入る)

「♪もしも明日が晴れならば、愛する人よ、そばにいて。もしも明日が……。

みんなはさ、必ず明日が来ると思ってるよね。でも、明日が来るか来ないかは、明日という今日になってみないとわからないんだよ。だから、ぼくは自分の運命を運命として受けとめて、そこから変わっていきたいのさ。今日も一生懸命生きて、一生懸命生きて、もしも明日が来たら、もっとすてきに生きよう、そう思っている。ぼくは今日、生きてるんだ。みんなはそう思ってる？　今日一生懸命生きてる？」

そして、両親のつくった笛

そのステージに多くの人はさわやかな拍手を送りました。しかしねえ、筋ジストロフィーちゅうやつは憎いやつで、そのボンゴも打てなくなったんです。自分の意志でひじを曲げたりすることができなくなったんです。（苦しそうに）「父さん、思うようにひじが動かなくなっちゃった。腕が動かなくなっちゃった。ボンゴが打てなくなっちゃった。ボンゴが打てないぼくはもうファミリーバンドにはいられないね」。

タクヤのためにつくったバンドだ、そのタクヤにそんな言葉を浴びせかけられるほど親としてつらいことはない。お父さん、お母さんは考えた。『体中の筋肉が硬《かた》くなって動かなくなっていっても、最後の最後まで動くところはどこだ？　唇《くちびる》だ。ならば、唇一つで演奏できる楽器を探そう』。それで全国を探し回ったんですよ。

なかったんです。「ピアニカ！」ピアニカは指を使うじゃないですか。「ホイッスル‼　笛。運動会なんかの笛」。あれは音であっても音楽ではない。唇一つで演奏できる楽器はなかったんです。でもね、親っていうのはすごいんだよ。子どものためにはひたむきなチャレンジをするんだよ。お父さんお母さんはこう話し合ったよ。「唇で吹ける楽器がないなら、わたしたちでつくる。タクヤのためにわたしたちでつくろう」。

なんと、どうやったら音が出るかという、そういうこともわからないお父さんお母さんが、唇一つで演奏できる楽器をつくることにチャレンジしたんです。それは、タクヤくんのお父さんお母さんにしかできないオンリーワンのチャレンジでした。

数え切れないほどの失敗を繰り返す。お母さんはついに弱音《よわね》を吐《は》きました。「唇一つで演奏できる楽器なんてできるはずがない。だからどこを探してもないのよ、もう無理よ、もう無理っ」（泣き声で）。絶望感に襲《おそ》われるなか、お父さんに励《はげ》まされながら、数多くの失敗を繰り返し、最後に出来上がったのは、噛《か》みしめる強さ弱さだけで音の高い低いを変えることができる「ワンダーリード」。

例えば、オートバイの事故で両腕《うで》を失ったとしても、ベッドに寝たきりでも、車椅子でマヒが残っていても、唇さえあれば音楽に挑戦することができる。そう、唇にくわえて。唇一つで演奏できるワンダーリード。（ワンダーリードを吹く、ピアノ入る）

コンサートで「母さんの歌」

お母さん、お子さんが音楽をやるというとき、わざわざこれを探しに行きますか、求めに行きますか。今ご覧《らん》いただいているこのワンダーリード、先ほどご紹介したタクヤくんからもらったんですよ。

わたしのステージに一〇人の筋ジストロフィーの子どもたちにゲスト出演してもらったんです。舞台の袖《そで》で出番遅しと待ち構えている一〇人の子どもたち。両手の自由の利《き》かない子は、ワンダーリードを唇にくわえて。だからよだれがダラダラ流れてる。車椅子で転んだときのショックを少しでも和《やわ》らげるためにヘルメットをかぶっている子。いちばん端《はし》の子は、可動式《かどうしき》のベッドの上で天井《てんじょう》を向いたままでも、手にはしっかりとワンダーリードが握りしめられている。

この子どもたち、君たちと違うところが一つあるんですよ。「筋ジストロフィーと闘《たたか》っているんだろ」、それは運命だ。運命は運命として受けとめようや。

もう一つ、君たちと違うところは、それは筋ジストロフィーのリハビリを受けるために三歳、四歳の小さいときから、お父さん、お母さんのもとを離れて病院や施設《しせつ》暮らしをしている子どもたちだということです。信じられる？

「それでは、ワンダーリードの世界をみなさんにどうぞ」。わたしの紹介で舞台に並んだ一〇人の子どもたちがホールを埋《う》めた一〇〇〇人の人たちに届けたのは、このメロディーでした。

（ワンダーリードで「母さんの歌」が会場に流れていく）

この子たち、お母さんといっしょに住んでいないということを知っている人たちは、『なんで「母さんの歌」を吹くの？』と思わず下をうつむく。中には涙を拭《ぬぐ》う人も出てくる。演奏が終わっても拍手が出なかったんです。シーン、子どもたちは怪訝《けげん》な顔をして、一礼して顔を上げる。

その動きにハッと気がついた人たちが一斉《いっせい》に拍手をする。一瞬《いっしゅん》のうちにホールはカーッと熱くなる。子どもたちはうれしそうに笑顔を浮かべて、ステージを去って行く。そのときでした。ナカヤマタクヤくんが近づいてきたんです。

ワンダーリードの競演

「マルヤマセンセイ、コレアゲマス」「何言ってるんだよ、君の大事な楽器じゃないか。だいいち、それをぼくにくれたら、君、ファミリーバンドの活動できないんだぞ」「マタアタラシイノナレサセマスカラ、ダイジョウブデス」「タクヤ、冗談《じょうだん》やめろよ。君がいちばん自分の体に馴染《なじ》んでいるワンダーリードを人にあげて、君のワンダーリードを聞くために集まった人たちに、新しいワンダーリードを慣《な》れさせながら吹くなんて失礼だよ。おれそういう考え方嫌《きら》いだな、いつもいちばんいいのを届けろよ。だから、そのワンダーリードはもらうわけにいかないって」「イイカラ、イイカラ、モッテッテ、クダサイ」。怒《おこ》ったようにしてワンダーリードを目の前に突《つ》きつけたタクヤ。そして怒ったようにしてぼくの掌《てのひら》の上に叩《たた》きつけたワンダーリードが、これです。

ね、みんな、掌に置かれたものを返すわけにいかないだろ。「タクヤくん、来年またコンサートやるんだけど、来年のコンサート、ステージに来てくれないか」「ライネンデスカ?」「来年さ、ナカヤマタクヤのワンダーリードと丸山浩路のワンダーリードと吹き比べしようよ。な、だから来てくれよ、来るよな。来いよ」「アアアア、ハイ」「よし、決まった。じゃあもらっとくわ。君、ついてないぞ。え? どうしてか? ぼくはね、毎日これを練習する。ということは、来年のステージではナカヤマタクヤくんのワンダーリードよりは丸山浩路さんのワンダーリードの方がものすごい拍手をもらうことになる。

つまり、来年のステージまではワンダーリードチャンピオンは君に預《あず》けておく。来年のステージからはおれの方がすごい拍手をもらうんだから、おれはワンダーリードチャンピオン、へへへ……。え? 何? ワンダーリード返してくれだって? 変なこと言いますね。これをくれたのはあなたですよ。くださったあなたが返してくれって言ったら、これはワンダーリードでなくて〝ヘンダーリード〟になっちゃうよ。それを君が受け取ったら〝トンダーリード〟だよ。これ〝ヘンダー〟でも〝トンダー〟でもないの。これはワンダーリード」なんて軽い冗談を言い合って別れてから四か月後でした。

二月末、〝タクヤ、一四歳にて死す〟

『嘘《うそ》だろ。きたねえぞタクヤ。おれとステージの上でワンダーリードを吹き比べする約束はどうしたんだよ。おまえ、このまんま消えちまったら、永遠にワンダーリードチャンピオンだろ。おれがワンダーリードチャンピオンになるんだよ。そのためにはステージでさ、タクヤと浩路と吹き比べしなきゃいけないんだよ。冗談だよな。冗談言ってんだよな。絶対、今年のおれのステージに来いよ。そして、おれと吹き比べするんだぞ、タクヤ。絶対来いよ』。

ひたすらそう念《ねん》じました。

しかし、ステージにはタクヤくんは現れませんでした。〝タクヤ、一四歳にて死す〟。紛《まぎ》れもない事実でした。さみしい思いで、つらい思いでこのワンダーリードを吹き終えたときです。タクヤくんが現れたんです。ステージのいちばん後ろの所に。タクヤくんのあのときのシルエットがおれの目の前に浮かんできたんです。ぼくにはそう見えたんです。怒ったようにしてワンダーリードを突き出したあのときのタクヤくんのシルエットが……（タクヤがワンダーリードを突き出したときのシーンを無言のまま再現する）ホールのいちばん後ろの壁《かべ》に浮かび上がってきた。ぼくにはそう見えたんです。

プロデューサーは君だ

そのとき初めてわかりました。タクヤくんは、なぜ強引にこれをおれに預《あず》けていったのか。タクヤくんは、わたしたちにこのメッセージを届けるために、ぼくにこのワンダーリードを預けていったのです。

「マルヤマセンセイ、手が動く、足が動く、目が見える、耳が聞こえる、自分の頭で考えることができる……。あたりまえじゃないよね。奇跡《きせき》だよね。自転車に乗ったりかけっこしたり、ボール蹴《け》ったり、バット振ったり、泳げたり、ピアノ弾《ひ》けたり、あたりまえじゃないぞ、すごいことだぞ。みんないっぱい、いっぱい奇跡をもらっているんだよ。そしたら、その奇跡、ちょっと人に分けてあげようよ。そんなことあたりまえだと思っちゃうから欲張《よくば》りになっちゃうんだ。欲張りになっちゃうからやさしくなくなっちゃうんだ。そんなことあたりまえだと思うから、それができないお友だちのことをいじめたりするんだ。

違うよね。手が動く、足が動く、目が見える、耳が聞こえる、自分の頭で考えることができる。奇跡だよ。すごいことだよ。そして、みんな生きている。それがどんなにすばらしい

ことかみんな忘れているぞ」。（ピアノ入る）

そんなメッセージがこのワンダーリードに託《たく》されていると信じて。中学・高校に入学された諸君、君たちはすばらしい、それだけで十分だ。さあ、丸山浩路のメッセージを受けとめてくれ！『変身しよう。生きているという証だ。プロデューサーは自分だ。どういう人生、どういう青春にするか、ディレクターも自分だ。いくらでもおもしろいいライブになります。おもしろくないライブだったら、自分のやり方を変えましょうや。つまらないライブになりそうだったら自分の考え方を変えてみましょうや。生きていることのたった一つの証は、変わること』。さあ、自分のオンリーワンを探そう。そして、それをマイ・ヘイロウ、自分の光にしよう。

そういうチャレンジをしていけば必ず心に余裕が出てくる。その余裕が他の人を思いやるやさしさにつながる。生きるということはすばらしいことだ。そのライブを演出する君たちのこれからの日々に心を込めて丸山浩路、石田桃子、言葉を添《そ》える、「おめでとう」。

授業の前に

手話ニュース

このインタビューは、前章収録の中学・高校入学式での講演会終了直後に行われた。

母校小学校での課外授業にのぞむに当たって、丸山さんはその思いを語る。授業の根底のテーマは、ステージパフォーマンスの場合と同じく、「生きる」ことを肯定的に捉えるメッセージを送ること。それも、言葉によってではなく、丸山浩路との出会いの体験によって。

具体的な方法には秘策があるという。子どもたちに手話を教材として教えるのだが、何を手話で表現するか。身近で、オリジナリティーとアイデンティティがあって、しかも、将来に残るもの。

それが、丸山さんが自分にしかできないものとして、子どもたちへのプレゼントにしたいという。

授業前インタビュー

今度、母校で授業するわけですけど、小学生相手の授業の経験はおありですか？

ええ。授業も講演会も含めて、小学生、中学生、けっこう好きな出会いですね。昔、カウンセラーとか心理セラピストをやっていましたもので、そんな関係で、教育講演会とかそういう機会が多かったもんですから、好きですね。

今度はどういう授業にしたいと思っていますか？

うん。子どもたちにとっていちばんすばらしいことは、他の人が知らないことを知ったとかチャレンジしたとか、そのときは感動ですよね。他の人ができないことをぼくはやった。それをプレゼントするのが先輩としての一つの魅力かなと思いまして。

それで、手話で表現をする。それも福祉ではなくて、一つの自己表現として、パフォーマンスとして、なおかつ、今のコミュニケーションは、言葉で伝えるんじゃなくてイメージで、ビジュアルで図られているということを、一つひとつの単語をレクチャーしながら伝えたい。そのためのとっても楽しみな作戦があるんですけども。

どんな作戦ですか？

あのね、(手話をしながら)「♪文の林に生い立てる、若木は国の柱ぞと」。子どもたちは校歌を歌うけれども、歌の意味を知らないと思うんです。それで、校歌を手話でレクチャーしながら、校歌の意味もわかっちゃおうという。一番、二番、三番と全部。これはおれにしかできないオンリーワンのプレゼントだなと思って。阪之上小学校校歌を、手話で六年生の諸君にチャレンジしてもらう。それが楽しみです。

じゃあ、その手話の授業の中で、子どもたちにいちばん伝えたいことというか、気持ちとかメッセージ的なことなんですけど、何かありますか？

出会いを大切にする。その出会いというのは、自分の気持ちをわかってもらう、それから、相手の気持ちもわかる、その手段は何でもいいんだ、ということ。耳で聞く言葉でもいいし、目で見るボディランゲージ・身ぶりでもいいし、書いてもいいし。とにかくお互いに気持ちをわかり合おう、それが人間としての証なんだと。

それを手話を通しながら、それからたいへん生意気な言い方なんですが、おれの生きざまを通しながら、子どもたちに、「おー、おれっちの先輩なかなかやるじゃんか、ついていけないなあ」と思うかもしれないし、「こいつ追い越したろ」と思うかもしれないし。つまり、なんだろう、優秀でないが、しかし一生懸命生きてきたこと。それが日本のいろんな人たちに、大げさに言うと、影響を与えているんだ。それはなぜ？　出会いを大切にしたいから。そのあたりを子どもたちに伝えられたらいいなと。

子どもたちに、手話というのは難しくないですか？

今の子どもたちには、言葉を聞かせるんじゃなくて、言葉を見せる。若い人たちの歌を見たって、もう昔みたいに直立不動で歌うことはないでしょ。必ずダンスがついている。必ずステップはついている。それから、ビジュアルな歌手グループが出てくる。ということは、イメージでもって自己表現するということに、大人たちよりずーっと慣れていますから、覚えも早いし、それから表現もカッコいいですね。

丸山さんが考える手話の魅力というのは？

そうですね、手話は福祉の世界にあって、耳の聞こえない人たちの大切な言葉である。これはおれも十分認めます。しかしそれ以上に、手話というのには、人間のいちばん基本的な自己表現、ビジュアルな視覚的なものがすごく溢《あふ》れているなと。だから、手話を福祉の世界だけに置くのではなくて、コミュニケーションの世界に羽ばたかせる。英語、ドイツ語、フランス語と同じように、一つの言葉なんだと。手話の魅力は、カルチャーなんですよね。

カルチャーというのは、「文化」という意味もあるし「耕す」という意味もある。そうすると、手話を使ったり、手話をベースにして身ぶりを使うことによって、そういうコミュニケーションというのは、相手と自分との間の空気を耕す。空気が耕される出会いは、必ず人の心に残る。

カルチャーにそういう意味があるならば、手話を使って視覚的なものを使って伝えよう、あるいはわかろうとするというのは、立派な文化であり、コミュニケーションである。福祉の世界に関係する人たちだけの言葉にしちゃいかんなあ、と思います。

丸山さんご自身にとっては?

おれの自己表現を豊かにするエネルギーですかね。

手話でいちばん大事なことって何なんですか?

手話でいちばん大切なことは、まず、相手に伝えたいという気持ち。それが一つ。それから、それだけじゃだめですよね。相手に伝えたいという気持ちを、視覚的に表す手段として、この手話は適当なのかどうなのかを判断する、これが二つ目に必要ですね。それだけでもだめでしょうね。相手の人に伝わっているかどうか、それを見極める。それが三つ目に必要でしょうね。

まだ、それだけでもだめなんです。相手の人に伝わって、相手の人が返してくれる。「わかった、あなたの言うことに対しては、わたしはこう思います」と返してくれる。つまりキャッチボール。投げた球を返してくれる、「わかった」「うん? ちょっと違うんじゃない?」「そうだよ」という、返してくれる球を受け止めるまでが手話のコミュニケーションにいちばん大事なところでしょうね。

最近は、表現するだけで終わって、相手の人がわかっているかどうかを見極めない人が多い。それから、相手の人がわかっただけでなくて、こっちへ

球を返してくれる、それを受け止める余裕がないコミュニケーションが多いような気がするんですよ。手話は、それをやっぱり補ってくれるとってもいいチャレンジだなと思います。

ですから、子どもたちとのコミュニケーションを演出する先生方に言いたいですね。手話を福祉じゃない、言葉として勉強して、子どもたちの気持ちをビジュアルに摑《つか》むというセンスを磨いてくれって！「先生よ、言葉を聞かそうとするな、言葉を見せてやってくれ。子どもたちの言葉を聞こうとするな、言葉を見てやってくれ」。これは今のコミュニケーションでしょうね。

丸山さんの講演ステージ、パフォーマンス的な講演にも、すごく手話って大きな要素になっていますよね。丸山さんにとって、手話を身につけて得られたことは？

まず、手話にチャレンジして手話を身につけたことによって、自己表現を独創的にできるようになった。やっぱりこれは、手話に対する感謝ですね。つまり、ふつうの人が同じことをしゃべるのに、おれは手話を勉強したそのエネルギーでもって、人には表現できないようなことを演出することができる。

それと同時に、手話ってやっぱりどうしても見られるでしょ。必ず見つめ合うわけですから。ということは、見られることに慣れてきた。（笑い）ということは、自己顕示欲を出しても手話の世界ではあたりまえなんだというあたりが、ぼくにとってのオンリーワンにつながったと考えると、手話にものすごく感謝していますね。

今やっていらっしゃる講演とパフォーマンス的なものには、やっぱり手話が非常に大きな要素になるんですか？

なります。空気が動きます。つまり、昨今、ありがたいことに、手話に関心を持つ人たちが増えていますよね。そうすると、手話らしきものをやるだけで、「えっ？」とまずそこに目を留めるわけですよ。そこでまず空気が動くわけですよね。

それで、見ていただいているうちに、聞いていただいているうちに、手話というだけじゃなく、もっと何か大きな、視覚的に何か、ボディランゲージとして訴えようとしている、そのようなあたりを演出するには、ぼくにとってはやっぱり手話はぼくのオンリーワンですね。

そして、数多くの人に、今までいろいろと、「目立つ、目立つ」と言って叩かれてきたのも、ぼくのオンリーワンの手話が、非常に自己顕示欲、パフォーマンス性がありすぎるということで叩かれてきたんですよ。おれは後輩に

言いたいですね。自分の人生、自分が演出家なんだから、自分がプロデューサーなんだから、自分が主役なんだから、自分が納得できたらそれでいいじゃないかと。そういうことをわからせてくれたのは手話、そして手話を通して得た出会いですね。

最後に一つだけ。今の気持ちというか、授業に向かう気持ちを。

二度とない人生だから、まず、いちばん身近な人たちにできるだけのことをしよう。貧しくても心豊かに接してゆこう。そのエネルギーを、そのセンスを子どもたちにおれは注ぎたいですね。

あわせて、「あんな人でも自分の世界を演出することができるんだ。自分だけのオンリーワンの世界を演出するということがいかに大切なことなのか。こうやったらいい、ああやったらいいじゃないんだと。自分が納得できたらやるということだ。生きていることのたった一つの証は、変わることなんだ」、と。

おれは変わり続けているし、これからも変わっていくんだということを、子どもたちにわからせたい。それが、「ザッツオンリー」です。

丸山先生の登校風景

小学校への道すがら

福島江《ふくしまえ》（用水路）、何十年ぶりだ。ここで溺《おぼ》れて死にかかったなんて信じられないなあ。

学校は移ったんだよなあ。以前は駅の向こう、厚生年金会館の裏手にあった。長岡高校は、この先にあるんですよ。ここはおれの出た東中学だけども。え？　あれか。昔の東中が阪之上小学校になったのか？　とすると、おれは小学校と中学校と、いっぺんに両方に来れるんだ。課外授業様々だ。うれしいなあ。（笑い）

東中よ、こんにちは。でも、これが阪之上小学校なんだな。ここの小学校は、おれは初めてだぞ。でも、まあいいか。

よし、課外授業～、おーい先輩……。

――いや、「ようこそ先輩」。

そうだった、「ようこそ先輩」だった。よーし、行くぞ。ハーイハイ、ハーイ。おれ、どうもテンション高いんだな。

小学校は一二歳で卒業すると、おれは今六〇歳前だから、ああ、やっぱり五〇年ぶりぐらいだね。いやあ、いっぺんに中学とそして小学校時代がよみがえってきたぞ。

「課外授業　ようこそ先輩」のおかげだな、これは。いやあ、うれしいですね。よーし、後輩諸君、おれのパフォーマンスにつきあってくれ。

校長先生と再会

丸山（廊下を歩きながら）ああ、ここが阪之上小学校になったんだ。ふつう、出迎えがあるんだけどな、（笑い）出迎えねえぞ、おい。どういうこっちゃ。え？
いい校長ならいいんだけどな。偏屈《へんくつ》な校長先生だったらイヤだな。
（校長室をノック）
校長 どうぞ。
丸山 はい。よろしくお願いします、お世話になります。よいしょ。校長先生。ごめんください。ちょっと待ってくれって！（笑い）おめさん、大橋だろ？
校長 そうです。
丸山 大橋岑生《みねお》くん、校長先生？
校長 そうですっ。
丸山 あらー、いやあー。いやどうりでね、阪之上小学校が好意的なんですよ。
校長 いやいやいや……。（笑い）
丸山 なんかね、今回のことでいろいろお願いしても、二つ返事で。「なんでも言ってくだせえ、なんでもやるすけ」なんて、それは校長先生のおかげですな。いやあー！
校長 いやいや、ほんとにお久しぶりでございます。ありがとうございます。
丸山 もう握手じゃねえの。（抱き合う）
校長 ありがとう。
丸山 五〇年近いね。あ、高校のときの同級生だから。
校長 四〇年……。
丸山 このたびは、すばらしい機会をいただきましてありがとうございます。
校長 こちらこそ、ありがとうございます。
丸山 今日を境に、小学校六年生の子どもたちがワルになるかもしれませんが、それはお許しください、わたしの授業のせいですので。（笑い）
校長 いや、とんでもありません。いい機会をありがとうございます。
丸山 お世話になります。よろしくお願いします。
やらって、へ。いやあ、同級生に会うと、越後弁出るがて。講演会なんかやっていると、楽屋に人が訪ねてきて、「丸山先生、新潟でしょ、それも長岡でしょ」って。「どうして」って。「なまりがあるすけ、わかるがて」って。おれ、標準語しゃべってるつもりらもさ、ふつうは。でもやっぱり、わかるがて。同級生に会うとさ、越後弁が出るがて。(笑い)

校長　長岡弁ですね。

丸山　なまるけ?

校長　いや、そんなになまりはありませんよ。

丸山　なまってない。ああ、そうですか。

校長　わたしには標準語に聞こえますが。(笑い)

昔と違うこと

丸山　わたしたちのとき、小学校の児童数はもっと多かったですよね。一クラスが四、五〇人。

校長　そうです、おっしゃるとおり。

丸山　今、お伺《うかが》いしたら、六年生が四九人。全校児童で、何人ですか。

校長　二九一人です。

丸山　手ごろですね。児童数が全校で一五人とかの小学校へも行きましたよ。児童が少ないなら少ないなりで、それぞれにベストの教育ができると思いますね。全部の子どもたちの名前を覚えきれるでしょ。六〇〇人もいると、覚えられないもんな。

校長　丸山浩路さんとは、長岡高校の同級生なんです。丸山さんは、生徒会の会長でした。三年五組の同級生だった。

ぼくはね、丸山さんのことはテレビでは知ってたんですけれども、また今日は、今回こんな形で再会させてもらうとは思わなかった。

丸山　わたし、NHKからのご連絡では、校長先生の名前はずーっと聞いてないんですよ。これは、あえて伏せておいたんですね。こういう感動的なシーンを撮りたいというので。意外とNHKもクサいね。（笑い）でも、びっくりしました。

歴史は移り変わってきているように、何か当時と違っているようなことがありますか？

校長　あります。わたしどもの学校に、伝統教室があるんです。これから、ご案内しましょう。

伝統教室と『米百俵』

校長　わたしどもの小学校は地域総合活動に取り組んでいるんですよ。長岡の歴史・文化・自然に学んでいます。

丸山　伝統教室ということは、阪之上小学校だから、山本五十六元帥とか。

校長　そうです、みんなございます。三島億二郎から、小林虎三郎、みんなここに写真があります。

丸山　あらー！

校長　河井継之助もあります。

丸山　小林虎三郎、『米百俵』もね。阪之上小学校の卒業生が、尊敬する一人としてよくあげますよね。

校長　そうです、そうです。

丸山　『米百俵』のことを、ちょっとテレビを見ている人に説明してあげてください。

校長　戊辰《ぼしん》戦争で長岡は三度も焼け、窮乏のときに、三根山藩《みねやま》から送られてきた米百俵を「食えないからみんなに米を配給せよ」との談判があった。それを「断じてならない」と。

丸山　そうだよ、配給したって、みんな手の上の一握りでしょ。

校長　そのとおりです。それを蓄えて、後進のために、学校をつくった。人を育てることが後進を助ける道じゃないかというので、建てた学校が、阪之上小学校の前身、国漢学校です。

丸山　おれもここに飾られるにゃ、何したらいいが？　まず、死なんとダメらのお。（笑い）

へぇ、りっぱな伝統教室らてぇ。こって驚いたて！

新潟県長岡市立阪之上小学校

阪之上小学校は、歴史ある学校として有名である。明治二（一八六九）年、小林虎三郎、三島億二郎らによって、昌福寺の一室に国漢学校が開かれる。翌年、「米百俵」の資金によって、新校舎がつくられる。

「米百俵」とは、山本有三の戯曲によって有名になった、本校設立の歴史的な逸話である。

戊辰戦争の敗戦によって長岡藩は焦土と化した。窮状を見かねた支藩の三根山《みねやま》藩から、見舞いとして米百俵が送られた。食糧も乏しいほど窮していた藩士のだれもが、生き返ったようにこれを喜び、配給を心待ちしていたが、小林虎三郎は、「食われねばこそ、教育をし、長岡の町を復興させる人間を育てることが大切なのだ」と、復興と将来のためには教育こそ必要と説得し、学校を設立した。

明治七（一八七四）年、新潟県第三中学区公立第二十番小学阪之上小学校として、授業を開始。

その後、校舎の新築、移転、校名変更がなされ、

「米百俵」山本有三著

国漢学校之図
（「長岡懐旧雑誌」より）

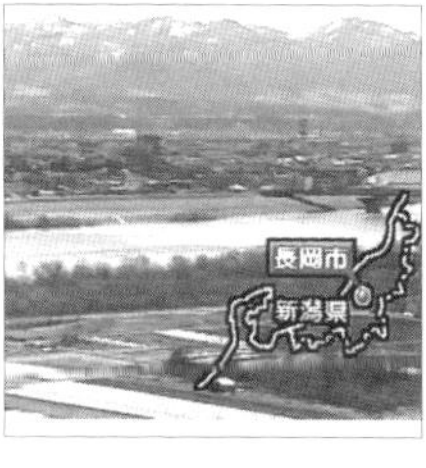

昭和二二（一九四七）年、現在の校名に変更。三五年、鉄筋三階建ての現校舎が完成。

昭和四三（一九六八）年、「伝統教室」を設置、六三年、これを新装し、一般公開する。

平成二（一九九〇）年、長年にわたる「地域総合活動」が認められ、「第六回教育奨励賞」を受賞。

平成五（一九九三）年、創立一二〇周年記念式典が行われた。

本校の卒業生には、渡辺廉吉、堀口大学ほか多くの人材が輩出され、「米百俵」の精神が現在までも受け継がれている。

授業に出てくる校歌は、次の通り。

一、文の林に生いたてる　若木は国の柱ぞと
　　三葉の柏の緑そう　ここ長岡の阪之上

二、この学びやに集う子よ　文化の光身にうけて
　　朝な夕なに進めかし　勇気正義の二つ道

三、平和のしるし　かかげもて　越路の原のはてしなく
　　愛と敬とを身にしむる　自主協同の民として

授業❶
手話ってどんなもの?

イェイ

お鼻でしょ

授業の始まりは、丸山さんの登場の仕方が、まるでステージショーのようなパフォーマンスで、いきなり子どもたちを驚かす。

教室全体がステージで、子どもたちはその観客であると同時に共演者でもある。

名前を手話で表し、手話の振り付けをつけた歌を歌い、その間に丸山さんのメッセージが伝えられていく。

子どもたちは最初から、丸山さんにも手話にも興味深げで、楽しげな笑いに包まれた授業のスタートだった。

手話は身ぶり語の約束事

いきなりパフォーマンス

（拍手で子どもたちに迎えられる丸山さん）

丸山　（校歌を手話とともに歌いながら壇上《だんじょう》に立つ）「♪文《ふみ》の林に生《お》いたてる、若木《わかぎ》は国の柱ぞと」

何の歌かわかるかい？（笑い）わかるなあ。

男子　校歌。

登場（手話＝賢い）

「文の」（学ぶ）

「林に」

「生いたてる」

丸山　♪三《み》つ葉《ば》の柏《かし》の緑沿《そ》う、ここ長岡の阪之上《さかのうえ》。（拍手）

（手でピストルをつくりながら）君！

男子　はい！（みんな笑う）

丸山　こうやってピストルを構《かま》えられたら、剣道《けんどう》の達人《たつじん》の君はどうする？

男子　えっ？　よけます。

丸山　よけたか！　よけることができたか!!

丸山　（突如《とつじょ》、演劇口調《えんげきくちょう》になって）ムササビ！（笑い）おまえ、空飛べるんだって？　木に登れるんだって？　走れるんだって？　泳げるんだって？　土ん中潜《もぐ》れるんだって？　すごいな、ムササビ。おまえ、何でもできるんじゃ、ムササビ。すごいなあ（口笛《くちぶえ》を吹く）。君たちは、今、ムササビだー。（笑い）

（男の子を指して）今、君はムササビだ。「え？　バカ、人間だよ」と思ってるだろ、な。確かに人間なんだよ、な。だけど、ムササビは、空も飛べる。木にも登れる、走れる、泳げる、土の中に潜れる、なぜそうできた？

女子　ムササビだから。

丸山　ムササビだから。いいこと言うじゃん。そう、ムササビだからだよ。そうだよ。そう

言ったら、話は終わっちゃうじゃん。（笑い）

　実は、チャレンジしたからだよ、な。空飛んでみようかなあ、木に登ってみようかなあ、走ってみようかなあ、う一ん、泳いでみようかな、土ん中潜ってみようかなあ。チャレンジしたからだよ。チャレンジしたから、いろんなことができるようになった。君たちには、今日、チャレンジしてもらう。

　チャレンジという意味は、どういう意味か知ってるか。

男子　試してやってみる。

丸山　試してやってみる。あ、これね、手話でこう（人差し指を目の下から前に出す）やるんだよ。試す。ちょっとやってみよう。人差し指を出すのは、「見る」。目がそこに行くでしょ。だから、二、三回、指を出すのは、何回も試すからね。

　そのとき、チャレンジという顔をしなきゃダメだよ、チャレンジする顔。（笑い）今のおまえの顔、ダメ。チャレ目、チャレンジ。二回ぐらいこう。見てごらん、寄るだろ、目が。こんなジーッと見たら目が寄っちゃうじゃない。両目がお友だちになっちゃうじゃない。こうやって、これチャレンジ。挑戦《ちょうせん》するということなんだよ。

つまり、君たちにね、今日挑戦してもらおうと思って。「何の挑戦ですか？」自分を表現する。自分を表す。

男子　名前？

丸山　名前もそうだな。それから、その人がどういう考えを持っているか。つまり、自分を表現して相手に影響を与える。相手が、「うーん。この友だちはこういう考え方を持っているのか。そうか、こういう生き方をしたいんだ」と思わせる。相手が感じたり、変わる、それがパフォーマンス。

パフォーマンスというのは、つまり自分の考えやいろんなことを表現して、周《まわ》りの人たちに何かを感じさせる。場合によっては、何かを変えるというのを、パフォーマンスというのです。

そのパフォーマンスのプロが、わたし。

子どもたち　おおー！

丸山　なかなかいいな、反応が。そうだよ、プロ。で、君たちの大先輩《せんぱい》がわたし。阪之上《さかのうえ》小学校を今から四十何年前に卒業したの。

パフォーマンスのプロ丸山浩路《こうじ》。丸山、そう、これからマルさんと呼んでくれ。

子どもたち　マルさん、マルさん。

丸山　マルさんと呼ばれると、「イエーイ」こうやるからね。

男子　バルサンですか。(笑い)

丸山　バルさんじゃないってば。(笑い)

アイラブユー

丸山　これはね、「アイラブユー」という意味。これはね、実は手話じゃないの。これは、世界的に共通の身ぶり語。へええ、そんなの初めて聞いたなと思う人がいるかもしれない。けれど、君たちだって、すでに使っているものもあるんだよ。世界的に共通なサインランゲージ。身ぶり語の第一号は何だ？

男子　ヒッチハイク？

丸山　あ、それもそうだ。さえてるな。

　みんなも、ただ聞いているだけじゃだめだよ。どんどん意見を言って。冷《さ》めるなよ。「このおじさん、なんだこいつ。ほとんどついていけねえよ」っていう(笑い)、君たちの目がそう語っているな。

アイラブユー

それぞれの国に、いろんな人たちがいる。それでも例えば、これは、世界中の共通語、ピースピース。これは世界共通のビトクリー、「勝利」。第二弾《だん》は「イェーイ」（アイラブユーのサイン）。これはね、「友だちになれてよかったな。そして、これからもよろしく。お疲れさま」というときにするの。「イェイ」。

小指がアイラブユーの「アイ」。Iという、英語のアイラブユーの「I」。そう。そうしてね、人差し指と親指をちょっと出してみて。人差し指と親指を伸ばすの。

男子　ラブ。

丸山　お、なかなか反応早いな。ラブの「エル」だ。ラブの「L」、アルファベットの大文字。

子どもたち　あ、なるほど。

丸山　そして、小指と親指を伸ばして、これがユー（YOU）の「Y」の字。それで、小指と人差し指と親指を伸ばして、「アイ・ラブ・ユー」。イェーイ。（笑い）だから、君たちは、明日から学校の前で友だちに会ったら、「おはよう」って、こうやって。

男子　そんなの笑われるよ。

丸山　笑われない。笑うやつはね、古いの。これはいちばん新しいサインなんです。記念写真のときの「ピース」なんて、イモだよ、イモ。超《ちょう》ダサイ。「ダサイ」という言葉も、もう古いな。修学旅行でもいろんな記念写真撮影《さつえい》では、「イェーイ！」。
　校長先生とぼくはね、同じ歳《とし》なの。

子どもたち　ええーっ？

丸山　同じ学校で、同じときに卒業したの。

男子　若い、若い。

丸山　若い？　君たち、いい子だなあ。

男子　校長先生が……。

丸山　校長先生が若いっていうの？　おまえ、絞《し》め殺すぞ。（笑い）
「イェーイ！」を、ぜひ君たち、この阪之上小学校で使ってください。一流スター、それからスポーツ選手など、さりげなく使っています。帰ったらお母さんに教えてあげて。「お母さん」「なあに？」「これがね、アイラブユーというの」「あ、手話？」「手話じゃないの、サインランゲージって言うんだって。世界に共通なんだって。アイラブユーでイェイ」「へえ、どういうときに使うの？」「ぼくが明日学校へ行くときにね、これで送り出して」「いってらっしゃーい」「それじゃあお母さん、いってきまーす」って、こうね。

アイラブユー、イェーイ

手話は身ぶり語の約束事

丸山　これはね、手話じゃないんですよ。手話というのは約束事。つまり、昔、人間は言葉を持っていなかった。だって、言葉っていうのはだれがつくったと思う？

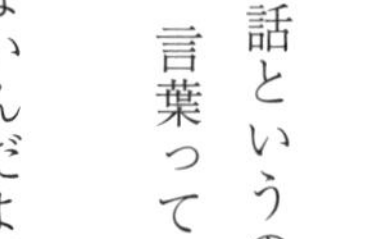

人間だよな、そうだよな。昔は、そうじゃないんだよ。昔は、身ぶり語でやってたんだよ。「ハオハオハオハオ」。例えば、「一〇時に行く」「フンフンフン」とかね。「魚釣《つ》りに行くか？」とかね。

ところが、困ったことが起きてきたんだ。身ぶり語で困ったことは何？　国が違っても、身ぶり語だから通じるわけでしょ。言葉はまだないんだから。身ぶり語で、結局、何に困ったかというと、それは夜。

子どもたち　ああ、見えない。

丸山　そう、暗くて見えない。それから、木とかじゃまなものがあるときも見えない。だから人間は、一生懸命《いっしょうけんめい》、言葉をつくったんですよ。君たちの先祖《せんぞ》の先祖は、身ぶり語で話していた。手話というのは、人間にとっていちばん大事なこの身ぶり語の約束事なんです。

例えば、さっき、わたしが校歌を歌いながら教室に入ってきて、ムササビの話をしたでしよ。そのとき、驚《おどろ》いたでしょ？　驚いたよな。

(男子を指して)驚くというのをなんか身ぶり語で表してみて。はい、スタンダップ、立ってください。ここへ来て、自分で考えてジェスチャーして。言葉を使わないで体で表して。何でもいい、考えてみよう。

(男子、「驚く」のジェスチャーを試みる)おお、いい線。

今ね、「はっ！」。(笑い)これ、驚くよ。おいしいときに、こんな顔しないもんな。アイスクリームを見たら、「う、あっ！」(笑い)甘いもんな。だから、驚くというのは、「はっ！」、それでいいんだよ。それがね、約束事になったの。

「驚く」という手話はどうするかというと、いくつもある。まず一つは、「あ！」。似てるでしょ？　「驚いたあー！　君がさ、明日、鏡で自分の顔を見て「驚いたあー！」(笑い)こういうのもある。「驚く」一つでも、いろいろな表し方があるねえ。

あ、そうそう、まだあるぞ。驚くと飛び上がるから、「ポヨヨーン」。(笑い)これなんかは学校で使うといいぞ。答案を返されて、「は！　ポヨヨーン」って。

そういう約束事が手話なんですよ。「驚く」というのを、そういうふうに体で表現したり手で表現したりするときの約束事。さっき言ったように、昔は

ジェスチャーで話をしていたのが、言語をつくって、それで話をするようになった。でも、その音声の言葉を聞くことができない障害《しょうがい》を持っている人たちもいるわけでしょ。

波の形はみんな違う

丸山　世界中には数えきれないほどの海岸、浜辺があるでしょ？　この近くにも、鯨波《くじらなみ》とか柏崎《かしわざき》とかいろいろあるでしょ。その浜辺で、波がダダダダ、ササササササ、ダダダダ、ササササと、押し寄せては引き返している。その波の数は、いくつあると思う？

一億《おく》か。ああ、わからん。数え切れない。無限だ。おれたちが生まれる前から、地球に波が押し寄せて引き返しするのに、数えきれない波があるわけよ。おれたちが死んでも、そのあとも、海岸、浜辺にザザザザザ、ササササササ。その数え切れない波はみんな形が違うわけ。今度、海に行ったら、岩に当たる波を見てみて。同じ形は一つもないんだって。

さあ、話はここからだ。人間もそうなんだよ。数え切れないほどの人間がこの地球上にいても、同じ人間はいない。それは信じる？

男子　同じ名前の人はいるさ。

丸山　あ、同じ名前の人はいるな。いい突《つ》っ込《こ》みだ。（笑い）授業もそういうふうに突っ込め。

男子　クローン人間。

丸山　それはつくるわけでしょ。でもね、丸山浩路というのは、一人しかいないわけ。

男子　体外受精《たいがいじゅせい》。

丸山　あ、そんな言葉も知ってんだ。でもね、ふつうに考えると、同じ形の人間はいない。みんな違う波の形なの。だから、ぼくみたいに小さい人がいてもいいわけ。六年生で身長一五七センチの体格の人もいれば、ちっちゃい子もいる。みんな形は違うわけよ。みんな違う波の形だから。

　ということは、足の悪いお友だちがいたっていいだろ。目の見えないお友だちも耳の聞こえないお友だちもいたっていいだろ。みんな違う波の形なんだから。みんな違っていていいんだよ。

　そこで耳の聞こえない人たちは音が入ってこない、音声の言葉がわからないから、一生懸命、身ぶり言語の約束をつくったのが手話なんだよ。

「手話」というのを手話ではこうやります。（両手の人差し指を糸巻きのように交互にくるくる回転）これが手話。手の話だから。

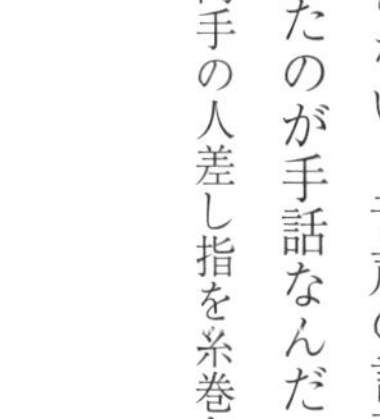

自分の名前を手話で表す

名前当てクイズ

丸山　さあ、それではクイズ。これから君たちの名前を、声を出さずに手話でやってみます。まず、いちばん簡単《かんたん》なのからいきます。わかったら、サッと言ってね。名字《みょうじ》だけね。名前を読み取ったら「あっ、あの名前だ」って。いいですか（「野本」の手話）(1)。

男子　小林。

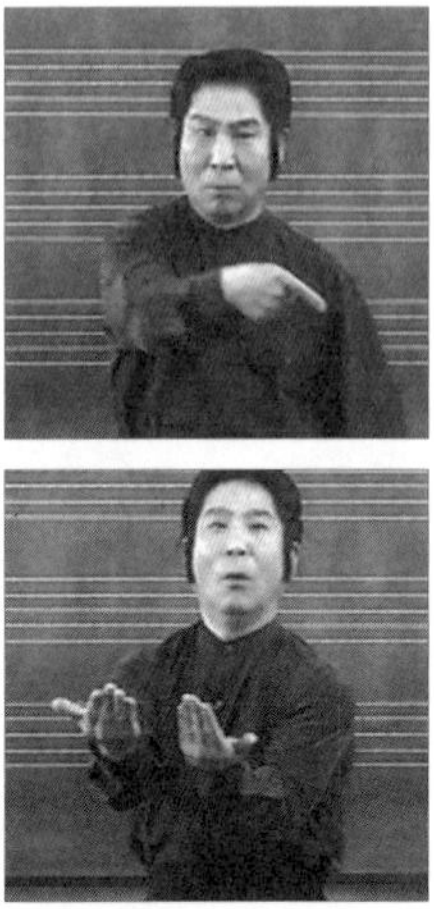

カタカナの「ノ」、合わせた両手を開いて「本」(1)

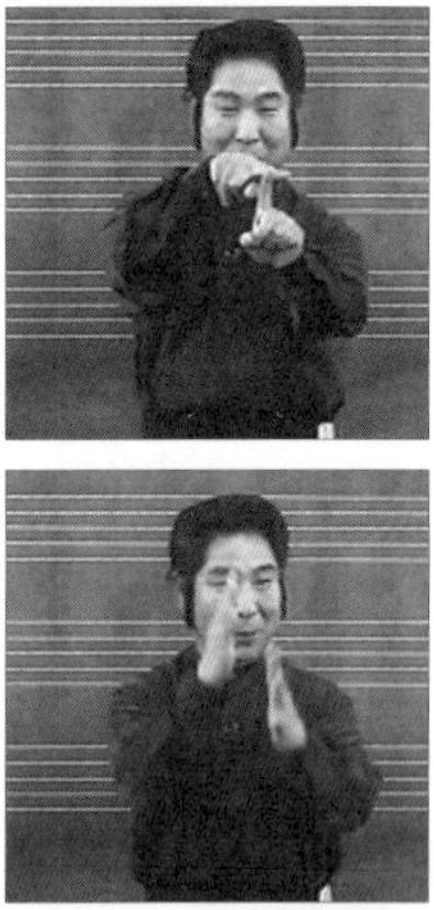

人差し指を挟んで「小」、両手を木々に見立てて「林」(2)

「本」を開く

山を描く(3)

漢字の「田」は、指三本を重ねて(4)

指折り数えていくように指を閉じて「多」(5)

丸山　惜《お》しいなー、ぜんぜん違った。（笑い）小林というのはね、こうやる（人差し指をチョキで挟み、次に両手を上下に動かす）(2)。みなさんね、これ簡単にできるから、ちょっとやってみて。小さい、山（手で山の形を描く）(3)。それで小山。「田」(4)とやると、「山田」。

　さあ、そこでさっきのクイズは？

男子　野本。

丸山　「野」と「本」で野本。

子どもたち　ああ、なるほど。

丸山　そうすると、本多さんは、「本」が「多」(5)でいいわけ。たくさんということ。というふうに、約束事なんだ。

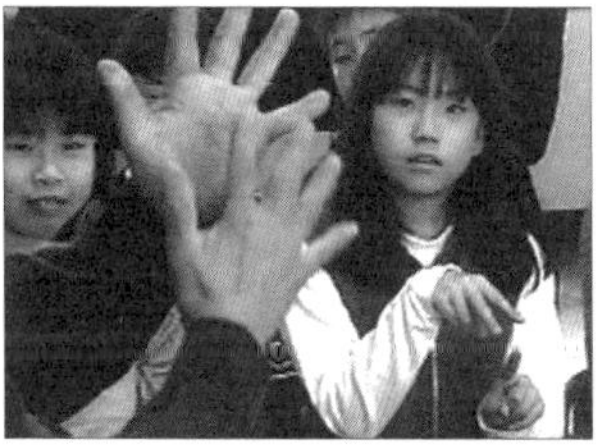

ちょっと難《むずか》しいけど、なるほどと思うのがある。これです。(手を口のまわりに当て、ニコニコしながら撫《な》でる)(6) わかった？

男子 それだけですか？

丸山 そう、これだけ。わかった？　佐藤くん。

佐藤 はい。サカイ。

丸山 惜しいな。でも、発言するのはすごくいい。これは「さ」がつくよ。

男子 佐藤。

丸山 おお、佐藤。

男子 じゃあ、これが(1)「甘《あま》い」という意味なのか。

丸山 そのとおり。砂糖《さとう》は甘いでしょ。甘いからサトウ。で、マルさんはオーバーに表現しただけで、こんなにオーバーにやる必要はない。これは全国どこへ行っても通用します。

「わたしの名前は」(7)、これは「名前」の意味。なぜか？　指の腹にあるのは何だ？

子どもたち 指紋《しもん》。

丸山 指紋は自分だけのものでしょ。名前も自分だけのものだから、「わたしの名前は」とや

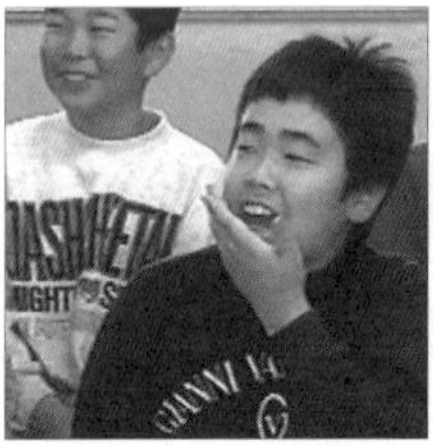

(6)

る。大阪ではね、こうやる。(8)

男子　大阪弁？

丸山　うん、手話にも方言があるの。大阪弁はね、こう。羽織袴《はおりばかま》。昔、武士は、こうやって羽織袴を着ていた。ここにその家代々の紋章《もんしょう》が入っているの。その紋章をこうやって表現して「名前」というふうにするの。ちょっとの違いはあるけれども。

　そうすると、「ぼくの名前は」(7)さあ、だれだ？

男子　小池。

丸山　惜しいなあ。小池はね、こう（湾曲《わんきょく》させた左手を池の縁《ふち》に見立て、右掌《てのひら》を上に向けて水を表して湾曲の内側で動かす(9)）。その小池くん。これは何という名前だ？

男子　小西くん。

丸山　そう！　そのとおり!!「小」「西」。ちょっとみんなでやってみよう。「西」は、太陽が沈むから「西」(10)。

　さあ、そこで最後の名前クイズはこれ（松葉《まつば》の形を人差し指と中指でつくり、

わたしの名前は(7)

(8)

ほおに二度あてる(11))。

名前の手話に関しては、もしも自分の名前の手話を覚えたい人がいたら、放課後にマルさんの所へ来てください。今日、授業が終わったあとで教えるからね。

男子　小松。

丸山　(小松くんを指差して)おまえのことだよ。あ、そのリアクションいいね。「あら、恥ずかしいわー。(笑い)本人のわたしがわからない」そうだろ?「松」じゃないかなって思ったんでしょ。

男子　そうだと思ったけど、何回も答えているから。

丸山　あ、そうか。解答する権利《けんり》を他の人に譲《ゆず》ったんだ。やさしいなあ。

男子　そういうわけじゃないんだけど。

丸山　そういうわけじゃないけど、やさしいな。すごいな。

子どもたちの夢《ゆめ》

丸山　おれね、ここに来るにあたってリサーチ、つまり調査《ちょうさ》をしてきたん

「池」(9)「西」(10)「松」(11)

だ。そうじゃなきゃあ、こんなに君たちの名前を知っているわけがないじゃん。リサーチ、リサーチ。
それでね、君に、おれはいっぺんに惚《ほ》れたの。君の将来の夢は運送業《うんそうぎょう》。カッコいいよ。お父さんかなんかそういうお仕事やっているの？
男子　いえ、ぜんぜん違う。
丸山　じゃあ、なんでそう思ったの？
男子　なんとなく。
丸山　あら、いいね。運送業っていうのは、例えば、まあ身近で言えば、宅配便《たくはいびん》とかね、そういうものも含《ふく》めて、きっと彼はトラックか何かで物を運ぶ運輸《うんゆ》業とか運送業、運び屋さん。
ふつう、小学生でそういう希望は少ないよね。でも、ここのクラスはおもしろいよ。君たちのすばらしいところは、「大金持ちになりたい」というのはいなかった。
男子　でも、総理大臣《そうりだいじん》はいる。
丸山　総理大臣は、いたいた。他の子どもたちにきくとね、だいたいクラスの半分の人は「大金持ちになりたい」「大きい家に住みたい」って言うの。
君たちの将来の夢をきいたアンケートでは、そういうのが一つもない。「ディズニーストアーで働きたい」「花屋さんをやりたい」「プラモデルのデザイナーになりたい」とか、いろんな夢を出してきた。これはすばらしいことだ。
　こうやって君たち一人ひとりのことを全部覚えてきたんだ。
丸山　これが授業なんだ。つまり、マルさんは、こうやって自分を一生懸命表現することによって、君たちの心の中に丸山浩路という人をちょっと覚えておいてもらいたいわけ。
男子　どうして？
男子　ちょっとだけではない。
丸山　ちょっとだけではない。今日、君の夢の中に出てくる「イェーイ！」なんて。それで、うちへ帰って、「どうだった？　今日の課外授業？」「変なものを見てきたー」。(笑い)「それで、あのさー」「なに？」「携帯《けいたい》電話みたいなもみあげしてんだぜ、あいつ」それでもいい。(笑い)君たちがマルさんのことを覚えてくれて、マルさんが君たちを覚えるためにパフォーマンスがすばらしい役割を果たすのさ。
　そのパフォーマンスでもって、君たちの心の中に、ああぼくらの大先輩にあいつがいるんだ、ということを残したいと思って。ぼくはぼくのパフォーマンス、つまり手話を手段として、この出会いを演出する……これがマルさんにしかできない授業なんだ。

手話で歌う

曲名を当ててみよう

丸山　まず、君たちが手話に対してあるいは身ぶり語に対して、どれだけの敏感なものを持っているかをみてみます。歌をやります。ただし、音声の歌はない。身ぶり語でやる。手話は手話なんだけれど、身ぶり語に近い。わかったとき、サッと題名を言って。君たちには、ぜったいわかると思うんだ。君たちが知っている歌。いいかい。（手話だけで歌う。教室はシーン）

男子　はい。「犬のおまわりさん」。

犬のおまわりさん

小さな世界

地球(1)

子豚かな

赤鼻のトナカイ

丸山　（手話とともに）「♪迷子《まいご》の迷子のこねこちゃん。あなたのおうちはどこですか。おうちをきいてもわからない」
じゃあ、二曲目いってみよう。（手話だけで歌う。子どもたち食い入るように見る）

女子　ええと、「小さな世界」。

丸山　そのとおり。このクラスは、抜群《ばつぐん》だよ。（両手で球面をつくり前方に回転させる(1)）これは、みんな知ってるね「イッツ・ア・スモールワールド」。

子どもたち　地球でしょ？　あっ、口パクでやってるでしょ。

丸山　口パク。いやあ、専門語《せんもんご》を知ってるね。
では、三曲目。ちょっと難しいかな。（手話だけで歌う。子どもたちニコニコ）

男子　はい、わかった。ええと、なんとかの子ブタみたいな。

丸山　子ブタくん、おれの顔見て言うなよ。（笑い）近い、近い。

女子　「赤鼻《あかはな》のトナカイ」

丸山　よくわかったね。「♪真《ま》っ赤《か》なお鼻のトナカイさんは、チョイチョイ。いつもみんなの笑いもの」

男子　季節外《はず》れの歌だ。

丸山　それはいい質問、いい意見だ。季節外れだけれど、クリスマスになると必ず、パフォーマンスで思い出すだろ。

まず、これはね(2)、「真っ赤」。なぜ？　唇《くちびる》は赤だから真っ赤。歯《は》を示すと「白」。ヒゲのそり跡をなでると、青。

子どもたち　なんで？

丸山　ヒゲをそった跡は青いから。だから、手話というのはデタラメにつくったものじゃなくて、必ず理由があるんです。こうやって角《つの》(3)。

じゃあね、これをね、ちょっと準備体操《じゅんびたいそう》という意味で、みんなで歌ってみよう。せっかくピアノもあるしね。ピアノを弾《ひ》けるのはだれ？　ちょっとそっちで相談してだれがどれを弾くかを決めて。忘れたっていいから、とにかく音が出りゃいいよ。

赤い（人差し指で唇をなぞる）(2)　白い（人差し指で歯を示す）　青い（あごからほおを撫で上げる）

角(3)

それでさ、まず、真似《まね》でいい。ぼくのあとについてきて、いっしょに歌ってやってみよう。いいかい、あとでどんなふうにジェスチャーを変えてやってもいいけど、一応、マルさんのは基本ですから、まずそれを真似て、それからそれを崩《くず》してもいいですよ。はい、スタート、レッツ、ゴー。イエーイ！（拍手）

女子のピアノ伴奏《ばんそう》に合わせて、「犬のおまわりさん」「小さな世界」「赤鼻のトナカイ」の三曲を、子どもたちは、丸山さんの手話を真似ながら歌った。丸山さんは楽しげに、そして体いっぱいのエネルギー溢《あふ》れる表現を子どもたちに披露《ひろう》した。

男子　マルさん、汗《あせ》だらけ。

丸山　おお、そうなんだよ。人はね、一生懸命語るとね、こうなっちゃう。これ、汗だと思うだろ？　これは脂肪《しぼう》なんだよ。（笑い）全部、脂《あぶら》なんだよ。

はい、ありがとう。（拍手）

「ありがとう」の手話

丸山　ありがとう。「ありがとう」という手話は、こうやります。この手話は、相撲《すもう》の手刀《てがたな》から来ている。相撲では相手に勝つと、賞金をもらうでしょ。

子どもたち　ああ、そうか。

丸山　賞金もらうとき、チョンチョンチョンとやるでしょ。あれは「手刀を切る」というの。あれは、何をやっていると思う？　チョンチョンチョンと、なんでこんなふうに三回も動かすの？

　あれは、実は「心」という字を書いているの。ああ、賞金をもらえてうれしいな、相手の力士に勝って白星をもらっただけじゃない。「心」という字を書いて、「ありがとうございます」と表して、もらうわけ。それで手刀を切る。

　では、「ありがとうございます」を、やってみよう、ていねいに、「ありがとうございます」。そうそうそう。で、友だちどうしでも、「ありがとう」。目上の、あるいは、先生に対しては、「ありがとうございます」。

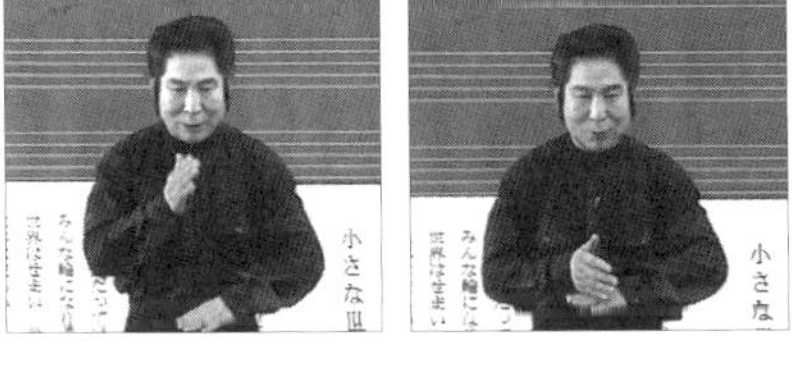

ありがとう

「赤鼻《あかはな》のトナカイ」を全員で挑戦《ちょうせん》する

耳の聞こえない人の拍手《はくしゅ》

丸山　じゃあ、お座《すわ》りください。今、三曲やりました。この三曲のうち、一曲を解説します。五分間ぐらい解説をして、それから、集中的に歌ってみんなに手話を覚えてもらいます。どの歌がいいかな。

「迷子《まいご》の迷子のこねこちゃん」がいいと思う人？　いない？　では、「小さな世界」がいいと思う人。

子どもたち　はい。

丸山　よし。じゃあ、「赤鼻のトナカイ」がいいと思う人？

子どもたち　はーい。（大勢）

丸山　一、二、三、四、五、……。例えば「赤鼻のトナカイ」がいいと思う人（丸山さんそれに応えて拍手する）とかね。「小さな世界」がいいと思う人（また丸山さん拍手）。こういうふうに拍手をする場合があるでしょ。

　でも、耳の聞こえない人たちには、その拍手が聞こえない。だから、耳の聞こえない人たちは、拍手の代わりにどうすると思う？　感動したり、よかったという場合。

男子　手をあげる。

丸山　手をあげる？　今みたいに。手をあげる。これじゃ、はら、まだ喜びが出ないだろ。

男子　ブラボーは。

丸山　あ、ブラボー。どうやるんだ？　ちょっとやってみて。耳の聞こえない人が俳優《はいゆう》になって、芝居《しばい》が終わった。さあ立って、「おおー！」という拍手の代わりにどうやる？　立ってやってみて。

男子　「ブラボー」です。

丸山　おお。いいよ。つまり、君たちのことをすごいなと思ったのは、目に映《うつ》るように表現しようとしていること。これは覚えておいて。耳の聞こえない人たちの世界では、拍手の代わりにこうやります。手をあげて振る。だから、ものすごく感動する場合、「はあああー」。

男子　なんか気持ち悪い。(笑い)

ブラボー

男子　キラキラするって。

丸山　つまり、これでキラキラ。これを君たち、ホールいっぱいの全員がこうやったら最高じゃない。じゃあ、その方法で採決《さいけつ》をとろう。

「犬のおまわりさん」がいいと思う人？　これでやってみて。いない。

「小さな世界」がいいと思う人？　おおー！　いるんだな、よし。

「赤鼻のトナカイ」がいいと思う人？

「赤鼻」の方が多いね。じゃあ、「赤鼻のトナカイ」をレッスンして、みんなで歌いましょう。

手話で拍手

「赤鼻のトナカイ」の手話レッスン

丸山「鼻」は、手で鼻を覆《おお》うようにしてもいいんだけど、それだとなんか臭《くさ》いような感じになるでしょ。だから、こういうふうに(1)。
「トナカイさん」で、ちょっとカッコつけたい人は、手の甲《こう》を前にするの。カッコつけたほうがいい？　よし、じゃあ、半回転させて、これだ(2)。このあとは、マルさんのオリジナルだよ。「チョイチョイ」(3)（笑い）。他の人は、こんなふうには絶対振り付けをしない。これは、前足と後足で、チョイチョイ。

真っ赤

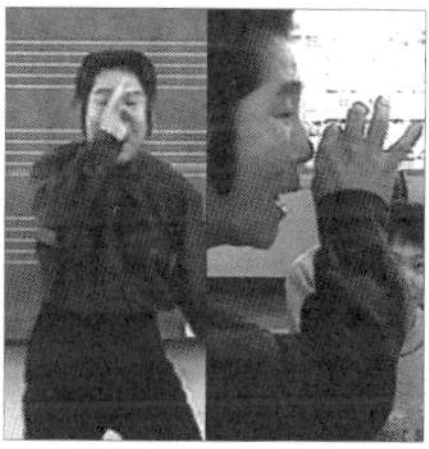
お鼻(1)

トナカイ(2)

チョイチョイ(3)

いつも(4)

男子　それは、通じないじゃん。

丸山　通じるよ。だれだって、トナカイさんが走っているように見えるじゃない。

「いつも」は、たくさんということで、親指の方から指を折っていく(4)。小指の方から先に折るとね、「もつい」になっちゃう。「もつい」でなくて「いつも」。

「笑いもの」で大事なのは、笑ってるだけだと、トナカイさんが笑っちゃってることになる。「おれ、鼻赤えんだ、エッヘッヘッヘ」となっちゃう（笑い）。笑いものだから、見られているわけ(5)(6)。これが、マルさん流の振り付け。

「でも、その年の」の「でも」は、掌《てのひら》を反転させる(7)。手の甲が上だと「で

(5)

笑いもの(6)

す」だから(8)。
男子　終わりのときにする。
丸山　そう、「何々です」。終わりにこうする。その逆にするから反対で、「でも、その年の」、「その年」は、つまり「今」。「クリスマスの日」（両手の人差し指を交差させてXをつくる）(9)はわかるね。
男子　その「日」を表しているのは、何？
丸山　「おめでとう」(10)ということなの。間違っても頭のあたりでやるなよ。「♪クリスマス、バッカ」なんてなっちゃうから。（笑い）「サンタのおじさん」は、ヒゲ生やしている(11)。どうする？　おじさん(12)とやる？　それともおじいさん(13)にする？
「言いました」はこう（人差し指を口の前から前方に出す）(14)。でも、こればっかやっていると、

でも（しかし）(7)

です(8)

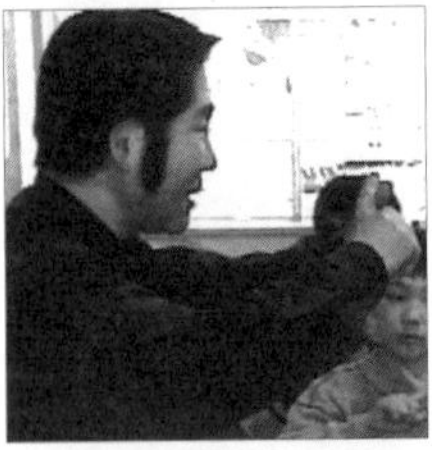
クリスマス(9)

おめでとう(10)

サンタ(11)

おじさん(12)

おじいさん(13)

言いました(14)

暗い(15)

明るい(16)

唾《つば》が飛んでいるみたいだから、二、三回やる。そこにトナカイさんがいるんだから、トナカイさんに向かって「言いました」。トナカイさんがそこにいるような気持ちで。

「暗い」は？　そう、目の前が暗くなるから暗い（開いた両手を顔の前で交差させる）(15)、反対にこうすると「明るい」（交差した両手を開く）(16)。「暗い夜道は」、これ(17)は、道。まっすぐ行きたい人、横に行きたい人、なんでもいい、（笑い）道だと思えばいい。「ピカピカの」鼻が輝《かがや》いているんだから、「ピカピカ」(18)。

男子　なんで輝くの？

道(17)

丸山　赤いからツンツルツン。

男子　点滅《てんめつ》するのね。

丸山　そうそう。違うって！　点滅しないんだ。（笑い）赤鼻のトナカイの鼻が点滅したらおもしろいだろうな。クリスマスの日になると、上から「ピカピカの」（笑い）。「暗い夜道はピカピカの」のとき、なぜピカピカさせるかというと、この動作をつけないと、光っているというのが目に見えないわけ。

「おまえの鼻が」、はい、「役に立つのさ」⒆。これがいちばん難しい。これは、自分が助けられることを表すの（左手親指を右掌で手前に引き寄せる）。じゃあ、助けるときはどうなる？

「助けられる」「助ける」（左手親指を右掌で向こうへ押す）⒇。これ（左手親指）が困っている人で、チョンチョンと助ける。そうすると、右手が助ける人。それで逆に、「役に立つのさ」は、「助けられる」と「ありがとう」を続けると、「役に立つのさ」の意味になる。

「いつも泣いてた」は、泣き方は自分の好きなように、自由でいい。「いつも泣いていた、トナカイさんは、チョイチョイ」。「今宵《こよい》」というのは、夜という意味。今宵「こそは」(21)は、指切りげんまんで。

男子　小指と小指……。

ピカピカ(18)

助けられる(19)

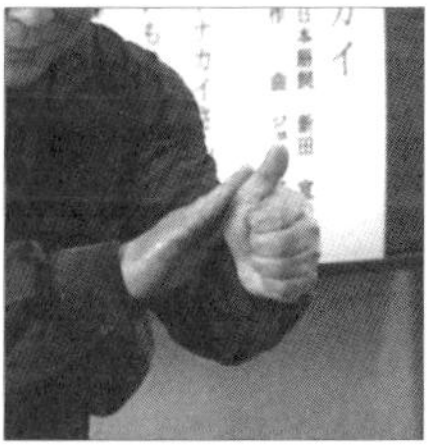
助ける(20)

（今宵）こそ(21)

喜ぶ(22)

丸山　それは人差し指。（笑い）冗談《じょうだん》冗談。約束するとき、ほら、指切りげんまんするじゃん。「指切り」というと、これはひょっとしたら、「あ、いやな言葉だなあ」と思う人もいるわけ。だって本当に何かの事故で指を失った人は、「指切り」って言われると、自分のことみたいでしょ。

女子　かわいそうだよ。

丸山　そう。そういうのを「差別用語」っていうんだよ。そういう言葉はね、つまり、その人をさみしくさせるから。だからぼく、今、「指切りげんまん」って言ったの。

今宵「こそは」と、喜びました。「喜びました」は、心が踊《おど》るから、こうする（両手を胸のところで上下に動かす）(22)。

じゃあ、いっしょにみんなで「アカペラ」でやろう、アカペラでね。

男子　アカペラって、薄っぺらという意味？

丸山　わからないことがあったらね、スッと質問する。それがとってもいいね。アカペラっていうのは、伴奏《ばんそう》がないこと。本当は「ア・カペラ」っていうの。伴奏のつかないことを「ア・カペラ」「アカペラ」。これで君たちは、これからカッコよく言えるわけだ。自分の声だけで歌うわけで、例えば、「何か歌え」「じゃあ、阪之上小学校の歌を、アカペラで歌います」という具合に。カッコいいだろ。

そうすると周りで聞いていた人が、「何？　垢《あか》がペラ？　それじゃ、風呂《ふろ》へ入りゃいいじゃねえか」ってことになる。（笑い）そのアカペラで、まず行くよ。座《すわ》ったままで振り付けの練習をしよう。その後で、今度は、ピアノが入ったときは、みんなで立つからね。そのときは、できるだけ踊りながらいくよ。

みんなに覚えてほしい手話、ひとつだけ

「どうしたんですか？」

丸山　はい、座っていいよ。ありがとう。これで君たちは、他の人が持っていないものを身につけた。そうでしょ。「赤鼻のトナカイ」を手話で歌えます。最高じゃない。それは一つのパフォーマンス。

　つまり、自分が何かを演《えん》ずることによって、自分を表現する。それによって相手が変わる。その手段として、マルさんは手話を使っています。

　ただし、手話は耳の聞こえない人の大事な言葉でもある。だから、今日、必ず君たちに覚えてもらいたい手話が一つだけある。あとは忘れてもいい。「ありがとうございます」を忘れてもいい。

　一つだけ、それは、「どうしたんですか？」という手話。これだけは覚えてください。絶対忘れないでください。絶対忘れないということは死ぬときも

忘れない。

男子　それは忘れるよ。

丸山　いや、死ぬときまでは。そりゃあ、死んだら忘れる。（笑い）君は理論的だな。つまりね、もう死ぬとき、「あ、あ、もうダメだ、ダメだ」。そうすると、お医者さんが、「ご臨終《りんじゅう》です」「ちょっと待って。『どうしたんですか？』（手話を実際に示す）覚えてた」。かくっ。（笑い）

「どうしたんですか？」（人差し指を左右に振ってから、相手に掌を差し出す）、これを覚えるといい。なぜかというと、困っていることがあると、例えば、バスに乗りたい人がいると、「どのバスに乗りたいんですか？」だれかに会いたいと思っている人に、「どの人に会いたいんです？」というふうに。つまり、この手話は、決まった場合だけに使うのではない。何か買物に行くと、「これください」ってやるでしょ。決まってないときは、「なーに？」って。

女子　でも、質問したあと、答えの手話がわからない。

丸山　あっ、それはね。あとで説明するからね。それでは、「どうしたんですか？」の練習をやってみよう。相手は困っているんだから、「どうしたんてすか？」っぽい目をして。

丸山　ぼくが耳の聞こえない人だとして、やってみて。（子ども、手話をする）

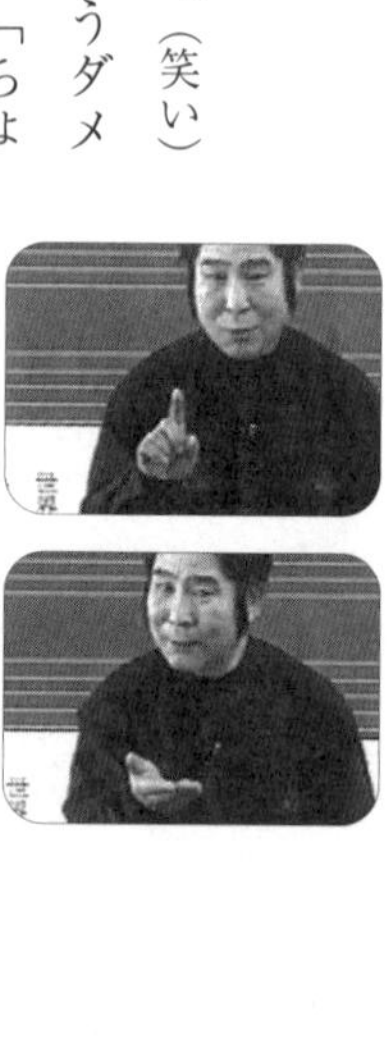

どうしたんですか？

君が話しかけてくるかどうかは、耳の聞こえない人はわからない。だから、耳の聞こえない人が困っているときに、君はここで、彼にサインを送らなくちゃ。

最初から紙に書くのとは違う

丸山　ここで笑ってたら、ボコボコになぐられるぞ。だってさ、相手は困ってんのよ、耳の聞こえない人は。手話で話しかけてくれるので喜んでるのに、「ハッハッハッハ」では、問題だよ。それでさ、耳の聞こえない人は、君の手話が終わってから、また君が「どうしたんですか？」って。（笑い）

そういうときは、さっき、いい質問が出ていた。だって、答えの手話がわからないから、そのあとどうする？　そういうときは、「ちょっと待って」と言って、もし紙と鉛筆、ノートかなんかを持っていたら、「ここに書いてください」。

何も書くものがなかったら、空中に書けばいいの。

男子　無理だ。

丸山　空中に書くのね。空中の「空」という字に「書く」という字で、それを続けて「空書《くうしょ》」っていうの。つまり、「丸山」だったら、こうやって（空書す

る）書けばいいの。耳の聞こえない人は慣《な》れているから、どんな字でも読めるから。

男子　裏字《うらじ》でも？

丸山　裏返し？　いい質問だ。裏返しになっていいの。例えば、「ま～る～や～ま」と空書すると、向こうもね、わかるの。ふつうに自分が書くようにすればいい。

そうすると、向こうは、「ああ」と思って、耳の聞こえない人は必ず紙と鉛筆を持っているから、「長岡駅はどう行ったらいいんですか？」とか書いてくる。

なんだ、それじゃあ、最初から「どうしたんですか？」と書けばいいじゃないか、と思う？　違うんですよ。手話で「どうしたんですか？」とやることによって、その耳の聞こえない人は、「あ、このお友だちは手話を使ってくれた。ああよかった。わたしたちのこと差別したり、変な目で見ないんだ」と思う。

だって、「どうしたんですか？」とやってくれて、「よかった」と思ったあとに、紙と鉛筆で書いて話をすることは、ものすごく気が楽なの。これを「やさしさ」といいます。

だから、「どうしたんですか？」は、絶対必修単語《ひっしゅうたんご》です。みんなで立って、心を込《こ》めて、

「どうしたんですか？」と言葉をつけながら、練習してください。
ふつうにやった場合や、力を込めたときなど、それぞれに表情が違う。それが、人と話をするときにいちばん大事なこと。言葉を心で包んで届ける。

表情豊かに

丸山　声は大きくても、手が死んでる。声が大きくなったら、顔の表情も大きく。あ、そうだ、例えば屋根の上で困っているとする。で、耳の聞こえない人だということを知っていた。

男子　なぜ、屋根の上なんですか？（笑い）

丸山　そりゃ、ペンキ塗《ぬ》りだってするだろうが。（笑い）その人は耳の聞こえない隣《となり》のおじさんだってことがわかった。屋根の上で困っている。その人に向かって、「どうしたんですかーっ？」って、手話でやってみてくれ。

子どもたち（大きな声で）どうしたんですかー？

丸山　そうそう。よし。今度はふつうに、駅で困っている人に「どうしたんですか？」をやさしく、はい。（子どもたち、それぞれに試みる）

丸山　グーですよ。じゃあね、今度はちょっと間をおいて、「あ、耳の聞こえ

ない人だ、何かきいてあげよう」。一呼吸おいて、（「トントン」と）まず叩くところから。「トントン」で、こっち振り向いた。「どうしたんですか？」。はい。（男子を指して）君がね、抜群《ばつぐん》だった。なぜか。トントンとやったでしょ。ちゃんと振り向いて、そのあとに、身を乗り出してね、「どうしたんですか？」。それが抜群よ。

子どもたち　おおー。うまい。

丸山　ね、もう必死になってなんとかしてやろうという気持ちが出てるでしょ。

耳の聞こえない人に「どうしたんですか？」をしてくださいね。

女子　聞こえていたらおもしろいのに。

丸山　あ、そう。耳の聞こえない人も、少し聞こえるときもあるから。ただ大事なことは、「このお友だちは手話を知ってる」と思って、ホッとするじゃない。

ありがとうございました。今日の授業では、まず「赤鼻のトナカイ」をみんなで勉強した。そして必ず覚える「どうしたんですか？」をやりました。自分の名前の手話は、もし希望があれば、放課後に説明します。

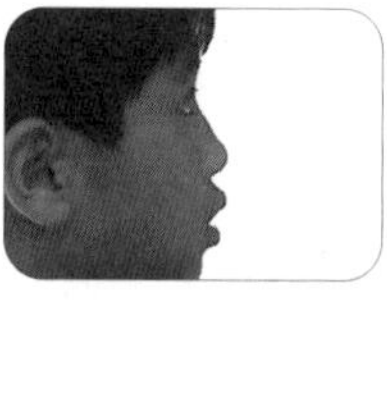

授業 ❷

耳の不自由な人の不便

覚えたい手話は？

丸山さんは、ハーモニカで校歌を吹きながら、教室に再び登場。

夢にチャレンジさせてくれるところが学校

丸山　おれはね、君たちぐらいのとき、音楽家になりたかった。さっき、食事しているときに、「マルさん、何になりたかった？」ってきかれた。音楽家になりたいと思ったときもあったし、あと、そうね、総理大臣になりたいと思ったこともある。

でも、大事なことは、いいかい？　やりたいことはやっぱりやるんだ。それはムササビだよね。ムササビのチャレンジ。つまり、空も飛べるだろ、速く走れるだろ、木にも登れるだろ、泳げるだろ、土の中に潜れるだろ、すごいんだよ。

ところがさ、ムササビで終わっちゃいけない。「ムササビー、おまえ、空飛べるんだって？　つばめみたいに飛べるのか、つばめみたいに。

ムササビー、おまえ、木に登れるんだって？　サルみたいに木から木へ移れるのか？

ムササビー、おまえ走れるんだって。馬みたいにずーっと走れるのか、馬みたいに。

ムササビー、おまえ、泳げるんだって。魚みたいに、流暢《りゅうちょう》に華麗《かれい》に泳げるのか。

ムササビー、おまえ、上の中潜れるんだって？　モグラみたいにずーっと暮《く》らせるのか。

つまんねえヤツ。

ムササビ、おまえ、いろんなことできてもよ、これだというものがねえじゃん。つまんねえヤツ。あれもこれもそれもできるけどよ、ムササビくんでなければならないというものが一つもないじゃん。おまえさんなんかと友だちになりたくねえよ」

いや、つまり友だちというのは……。あれもできて、これもできて、それもできる、これはチャレンジだ。チャレンジをしているうちに、「これだ！」と思うものが浮かび上がってくるの。これならやれそうだ。花屋さんになりたい。デザイナーになりたい。

いろんなことを夢見てきた。そのうち、「これだ！」というものが浮かび上がってくるもの。それをね、何というか。「希望」という。

カッコいい言葉を一つプレゼントしよう。でも、君たちはきっと忘れる。忘れるけど、いつか思い出す。「夢は見るもの、希望は叶《かな》えるもの」。叶える

という意味は、どういう意味だ？

男子　最初はできないんだけど、自分でそれをやり遂《と》げて、最後には、完璧《かんぺき》になる。

丸山　そう、実現することだな。漢字では、口という字に十という字を書く。それで、「叶える」という字になる。「夢は見るもの」、夢はたくさん見よう。「希望は叶えるもの」。だから、手話にチャレンジするのはムササビでいいんだよ。

それで、もしもだよ、「ぼく、手話、ずっとやりたいな」と思ったら、それに向かってまっしぐらに行けばいい。「手話も勉強した、でも、ぼくはやっぱりサッカーの選手になりたいな」、と思ったらその希望を持ってまっすぐ行けばいい。

もう一度言おう。夢は見るもの、希望は叶えるもの。それにチャレンジさせてくれるところが学校です。

最初に覚えた手話

丸山　ぼくは、今、ハーモニカを吹いて出てきたけども、小学校のとき、いつも学校の行き帰りは、ハーモニカを吹きながら歩いていたんだ。

男子　メチャ目立ちたがり。

丸山　うん、目立つだろ。市場があるでしょ。あの市場の真ん中をね、ハーモニカ吹きながら歩いていたの。

男子　うわー、恥《は》ずかしい。（笑い）

丸山　昔はね、「♪ターンタターンタターン」（「みかんの花咲《さ》く丘《おか》」を吹く）。そうすると、市場のおじさんおばさんが、「おお、坊主《ぼうず》、来たな」ってミカンくれたりさ。ものすごく懐《なつ》かしいし。この福島江《ふくしまえ》だってね、おれ、ここで溺《おぼ》れて……、（子どもたち笑う）死にそうになった。

女子　なんで溺れたんですか？

丸山　なんかね、自分で入っていったんだ。わかんないけど。それで、助かったときには、プカプカプカプカ浮かんでた。だからもう福島江見たときね、本当にこう、懐かしいと同時にね、ここで、おれ、死にかかったんだと、やっぱりいろんな思い出がいっぺんに返ってきた。

では、これから、手話でこの言葉を覚えたいなあ、というのを、みんなに

市場で

三つか四つかあげてもらって、その手話を覚えてもらう。「どうしたんですか？」は、わたしが教えたかった手話。今度は、何でもいい、文字でなく言葉で、君たちが覚えたい言葉を一つあげてください。

　さっきね、質問されたの。「最初に覚えた手話は何ですか？」と。それは、「好き」という手話。親指と人差し指を喉元《のどもと》から引っ張って指先を合わせる。

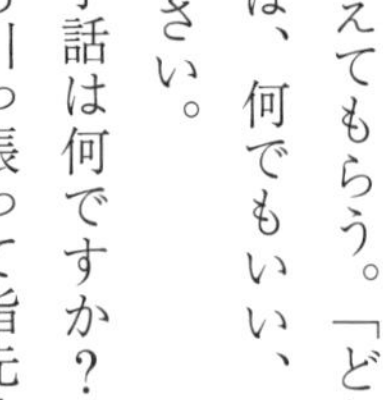
好き

男子　いやらしい。

丸山　いやらしくないよ。これは「何々したい」という意味なの。「食べ・たい」とか。

男子　いやらしいのは、目。

丸山　あ、目が。シビアだな。（笑い）目が、「好き」になってんだよな。これはちょっといやらしいな。この「好き」という手話をいちばん最初に覚えたんだ。だからこれは一生忘れないんだけれども。

覚えたい手話は？

丸山　じゃあ、自分が覚えたい手話は何？

男子　何かきくときの……。

丸山　さっきやったやつね。例えば「あなたの名前は何ですか？」「どうしたんですか」のときも。これは（掌を上にして相手に差し出す）、疑問《ぎもん》を表す。疑問詞《ぎもんし》。つまり、人に何かきくときは、全部これを使っていい。「どうしたんですか？」「何ですか？」。場所といっしょにやって、「どこですか？」。いろんな場合に使えるわけです。いい質問だったね。

男子　「おやすみなさい」は？

丸山　「おやすみなさい」いいなあ。もう寝《ね》たいのか？（笑い）おやすみなさいは簡単《かんたん》。「もう寝るわ、失礼」と、こうやる（拳《こぶし》をこめかみにあてて目をつぶる）(1)。で、どうしても「おやすみなさい」とていねいに手話をやりたかったら、あいさつの手話（指を向かい合わせて折って、おじぎのようにする）(2)を入れて、「おやすみなさい」。

人差し指でも親指でもいい、人と人が交《か》わすんでしょ、だからこれであいさつ。人と人と

おやすみなさい(1)

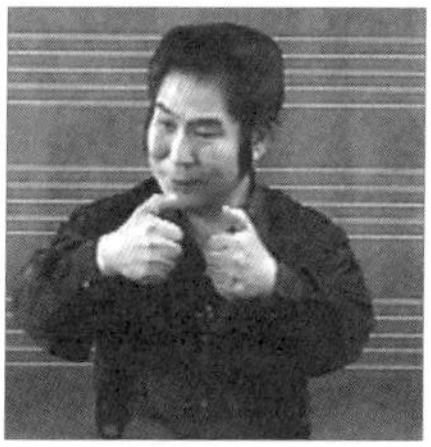

あいさつ(2)

起きる(3)

が、腰《こし》を曲げておじぎをしている様子。
枕を外すように、拳をこめかみから下ろすと(3)、「おはようございます」。明日、大橋校長先生に会ったら「おはようございまーす」ってやろう。そしたら、校長先生、ビョヨーン。(笑い) びっくりするぞ。
男子　指が人を表すの？
丸山　そう。親指が男の人、小指が女の人。

耳の聞こえない人に役立つもの

どんなことが不便

丸山　耳の聞こえない人たちの世界では、こういう手話を使っているの。それで、ちょっとこっちを見てくれ、ジャーン。（聴覚障害者《ちょうかくしょうがいしゃ》のための便利な道具を見せる）

子どもたち　何だこりゃ。

丸山　後で、アシスタントの人の力を借りて、みんなにお見せします。

耳の聞こえない人は、どんなことに困ると思う？　君たちが聞こえないとしたら。

男子　話が聞こえない。

丸山　あ、話が聞こえない。（丸山さん、耳の聞こえない人になったように手話だけで話し出す）そうだね。話が聞こえない。それを補うために手話が生まれているね。そうだな。

じゃあ、他には？　例えば、ノックしたらどうする？　聞こえない。ノッ

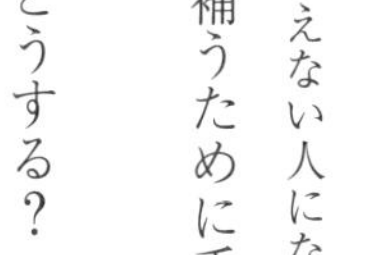

クというのはドアだろ。ブーっと押しても、ブザーでしょ。
男子　電話も。
丸山　よく知ってるじゃん。電話もそうだ。
女子　テレビ電話でもないといけない。

不便を補う器具

丸山　ピカピカ光るこれ、見たことある？
男子　ドラマで見たことがある。
女子　わたしも見たことがある。「君の手がささやいてる」でしょ。
丸山　そうだ。うれしいなあ。あれはね、おれの仕事だよ。
子どもたち　えええっ？
丸山　おれだよ。武田真治《たけだしんじ》くんと菅野美穂《かんのみほ》さんの「君の手がささやいてる」。
女子　教えてあげたんですか？
丸山　もちろんそう。
女子　会ったんですか？

丸山　だって、いっしょにお仕事したんだもん。
子どもたち　おおおー！（拍手）
丸山　おおー。何年か前にはね、「愛していると言ってくれ」という番組で、豊川悦司《とよかわえつじ》さんとも。あれもマルさんです。これは、おれにしかないもの、おれのオンリーワンで、手話を使って自己表現をしたから。それで、そういうドラマだの振り付けをやったりできたの。
　この光るランプをパトライトというんだ。外でベルを押すと、これがクルクル回る。
女子　電話のときとかも、それが……。
丸山　そうそう。電話の音と、それから、赤ちゃんの泣き声も聞こえないでしょ。そういうときに、ライトがパッパッパッパッパッパッと。それで、寝てるときはライトが見えないでしょ。そのときは、腕時計みたいなものをつけて、ブルブルブルブルブルブルと振動するの。
男子　耳が聞こえないと、朝起きられない。目覚まし時計の音が聞こえない。
丸山　いいところをついてくれた。今、時計を合わせるよ。自分が寝るときに、起きたい時

パトライト

間をセットするでしょ。それで、その時間が来たとするよ。

女子　震《ふる》えるの？

丸山　そうそう。ええと、これは、オン・オフ・オン。（バイブラーム。震えたり止まったりする）

男子　うおー、すごい。

丸山　これなら起きるだろ。な、これはね、耳の聞こえない人たちだけじゃなくて、君たちも、勉強なんかするとき、夜中に起きたいときに、目覚まし時計を人に聞かせないために。

子どもたち　おおー、すげえー。

丸山　これは、バイブラームというの。

女子　すごいですねえ。

丸山　やっぱり発明だよな。

男子　でも先生、これ気持ちいい。

丸山　手に握《にぎ》って眠《ねむ》るわけにはいかない。パジャマのポケットに入れたりするの。目覚まし時計の音が聞こえないというのは、これで解決できるな。

バイブラーム

バイブラーム振動

数々の危険《きけん》なこと

丸山　よし。じゃあ、他には何がある？

女子　いつもちょっと、身の回りに危《あぶ》ないことがあったりして……。例えば、車が来たときとかでも、ぜんぜん気づかないし。あと、遠くから知らない人がちょっと呼びかけても、無視したように見えるから。

丸山　そうだよな、相手を怒《おこ》らせちゃうんだよ。

　耳の聞こえない人も、車の運転はできるのよ。免許はちゃんと取れる。で、例えばさ、後ろの方でプップップップップッってクラシクションを鳴らしても聞こえないでしょ。そうすると、「おい、早くしろよ」って、頭に来てさ、後ろの運転手が降りてくるわけよ。耳の聞こえないドライバーは、なんだろうと思って窓を開ける。そうすると、「何で早く発進しねえんだよー」って言っても、聞こえないでしょ。すると、向こうはね、君が言ったように勘違《かんちが》いするわけ。「とぼけやがって、この野郎《やろう》」ってなぐられる。耳が聞こえない人は、こうやって危ない目に遭《あ》うことがあるんだよ。

　また例えば、ホテルなどで、「火事だ！」というときもあるでしょ。その声が聞こえないじゃない。ドアをドンドン叩《たた》いても聞こえない。だから、ホテ

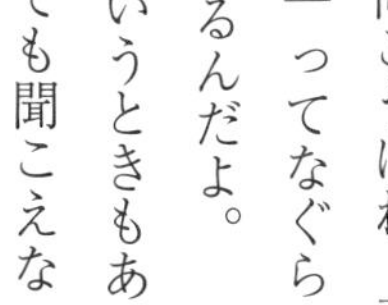

ルにチェックインするときに、「これを持ってお部屋にお入りください」と、ホテル側がこれを耳の聞こえない人に渡しておく。そうすると、「火事だ！」とか、あるいは、「お食事ですよ」というときに、ホテル側の人がこれをオンにすると、それでブルブルって合図できるわけだ。

男子　ほんとだ。

丸山　ブルブルするでしょ。これは緊急呼出《きんきゅうよびだ》し。

　こっちはね、電話が鳴ったり、人が来たりすると、音を捉《とら》えて、さっきの回転灯《かいてんとう》と同じように、こういう光を発するの。今度は音も捉えるわけ。

男子　すぐれもんですね。

丸山　そう。すぐれものですよ。しかし、値段は高いことは高いんだ。今、どんどん安くはなっている。それから、耳の聞こえない人たちは、自分が好きで耳が聞こえなくなったんじゃないから、耳が聞こえないことでの不便をなくすためのいろんな機械を、無料で貸してくれる制度もあるね。

　ということで、耳が聞こえないということは、やっぱりこれだけの大変なことがある。これをカバーするために、こういう機器を使ったり、それから手話通訳とかがあるわけ。

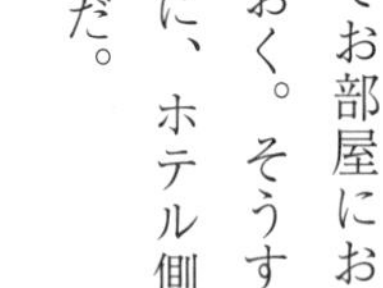

連絡用ブザー

男子　電車に乗るときも困る。もし東京で降りるとしたら、アナウンスで「東京」と言っている声が聞こえないから、そういうときはどうするんですか？

丸山　どうしようもないのよ。

子どもたち　え？

丸山　だから、「次は東京、次は東京」とか、「次は長岡」とか。わたしたちは、「あ、そろそろだ」ってなるでしょ。

男子　じゃあ、見るしかないんだ。看板《かんばん》とかあるじゃない。

丸山　そうそう。だから、最近このライトで。

男子　電子盤《でんしばん》……。

丸山　そう。「次は越後湯沢《えちごゆざわ》」とか。

女子　それは、バスとかにもある。

丸山　そうそう。ワンマンバスの場合は前の方でちゃんと字が出る。そういうバスが今どんどん増えているのよ。でも、バスは車内放送が聞こえないと、例えば、病院行くには三つ目に止まったら降りればいいなと思っても、降りる人がいないと、バーっと飛ばして行っちゃうでしょ。順序よく止まらない

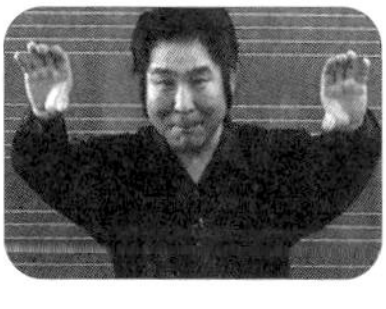

ときもあるから、とんでもない所へ降ろされたりとか。
聞こえないことで起こるそういう不便をなくすために、一生懸命、自分たちの生活を変えていこう、あるいは、補《おぎな》っていこうとしている。それをカバーするために、手話というのがあるのです。

発表するのはイヤ？

丸山　これから校歌を君たちといっしょに練習しよう。そして、下級生の前でこの小学校の校歌を発表するのはどうだろう？

子どもたち　ええ？

丸山　決めるのは、君たちの意見に従う。ぼくたちこうやって一生懸命手話にチャレンジした。手話を覚えた。それで、校歌を手話で表すことができる。五年、四年、三年、二年、一年の諸君、お兄さん、お姉さんたちはこんなチャレンジしたんだぞ、ということをみんなに見せるか。明日、お母さんたちを呼んできていいよ。

男子　ノンノンノンノン。

丸山　オオー、イエス、イエス、イエス、イエス。（笑い）それはあとで相談しよう。

授業③

校歌を手話で歌う

丸山さんによると、校歌なんて、普段は思い浮かぶようなものではないが、とある人生の節目《ふしめ》で、ふと頭をよぎると、若きころの郷愁《きょうしゅう》がかき立てられることがあるものだという。

校歌の歌詞をよく考えてみる経験などはふつうはない。ここでは、手話で歌うために、まず、歌詞の意味をじっくり理解しなければならない。

丸山さんの真似《まね》をしながら、自然に手が動いている子どもたちには、確かに一つのかけがえのない体験が生まれていっている。

校歌の歌詞の意味

手話で表すには意味をわかる必要がある

丸山　じゃあ説明しますよ。「文《ふみ》の林に生《お》いたてる」、意味わからないでしょ。（笑い）わからないで、何で歌うんだろうね。今日からは、もう意味がわかるぞ。

　この「文」というのは、学問ということだよ。勉強すると人間はどうなるかな？

男子　頭がよくなる。

丸山　そうそう。頭をよくするために勉強する。だから、この「文」は勉強だから、まず人差し指と親指をつけ合わせて額《ひたい》の所に当ててみる。これをクッと上げて(1)。これで「賢《かし》い」という意味。親指をこめかみに当てて、それでこれをクッと上げる、頭がいい、賢い。このとき、賢い顔をするのよ。

男子　カッコいい、カッコいい。

丸山　「賢い」。で、五本の指を開いちゃうと「アホ」。（笑い）賢くなるために

勉強するから、「賢く本を読む」。「学ぶ」ということ。これで「文」(2)。「林」というのは、さっき「小林」というので、こうやったでしょ(3)。この場合の林は、もっともっと広いから、この「林」を広ーくやる(4)。そうすると、学問をし、頭をよくするために勉強する「場所がある」(5)と、こうなります。「林」をつくって、「生《お》いたてる」。「生」というのは、どういう字だ？

子どもたち　生きる、生きる。

丸山　そうだ。生まれるとか生きる。「生まれる」というのは、こうします（腹の前で閉じた両手を開く）(6)。わかりやすいだろ。だから、「誕生日《たんじょうび》おめでとう」と(7)。

女子　おめでたいって。

丸山　そうそう、花が咲《さ》くから。それで、生まれただけじゃなく、育ってきた(8)。それが「た

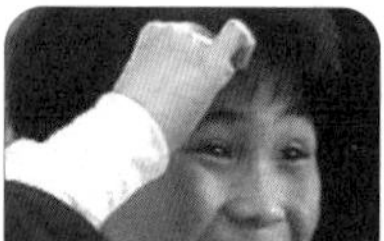

賢い(1)

学ぶ(2)

林(3)

林がいっぱい(4)

場所がある(5)

生まれる(6)

生まれ出る

おめでとう(7)

育っていく(8)

大きくなる

てる」。これはほら、背が大きくなっていくでしょ。

みんなも、歌いながらいっしょにやろう。

「若木《わかぎ》は国の柱ぞと」。「若い」というのはこうやるの(9)。なぜだと思う？　額《ひたい》の皺《しわ》がないから。

子どもたち　ああ。（笑い）

丸山　額の皺がないから若い。

女子　マルさんは？

丸山　おう、若いよ。

女子　マルさんも皺がないですね！

丸山　おお、ありがとう。「若木」。これは、木だ(10)。若木というのはだれのことだと思う？

君たちのことなんだよ。

子どもたち　えっ？

丸山　君たちのこと、つまり君たちは若々しい木なんだよ。これから……。

男子　これから伸《の》びていくんだ。

丸山　そうそう。そうすると、若木は「国の」、国というのは領土《りょうど》ですから、こうやって陣地をつくる(11)。手でひし形をつくって広げ、このまんま離《はな》してつけ合わせるの。「国の柱ぞと」。柱というのは、国を背負《せお》っていくという意味。若い君たちが日本という国を背負っていくんだよ。君たちはそういう大切な人間なんだということで、これは「大切」。ちょっとやってみて。握った手を頭とみて、「いい子いい子」する、それで「大切」(12)、「大切な人間なんだ」ということで、人々は「男」（親指）と「女」（小指）を広げる(13)。

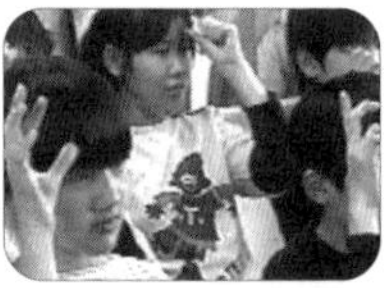

若い(9)

木(10)

国(11)

領土をつくって「国」

大切(12)

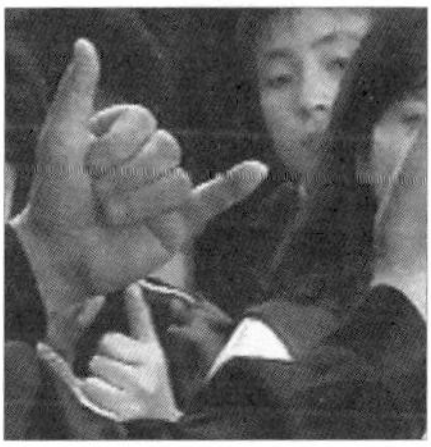
人々(13)

三つ葉(14)

柏(15)

もう一度最初からいくよ。いいかい？　歌いながらいくよ。「文の林に」、はい。

丸山　いいなあ。これを後輩に聞かせたいじゃないか。

男子　聞かせたくねえよ。（笑い）

丸山　聞かせたいよ。「三つ葉の柏《かし》の」。三つ葉はそのまんま葉を三つ出せばいい(14)。チョンチョン、はい。葉っぱだからやっぱり上の方は細くなってるな。「柏」は柏《かしわ》の葉っぱだから、柏餅《かしわもち》の形です(15)。

男子　なんで？

丸山　柏餅って、こうやってほら、包むでしょ。

子どもたち　ああ。

丸山　「緑沿《そ》う」の緑は青だから、ヒゲのそり跡《あと》になる(16)。緑がいっしょになってる(17)。そうすると、「三つ葉の柏の、緑沿う」。もう一度いくよ。じゃ、最初からいってみよう。

　子どもたちは、もうすっかり乗って、手話で歌うことを楽しんでいる。

丸山　うまい、うまい。このまんまテレビで紹介したいぐらいだね。

女子　ぜひ紹介してよ。（笑い）

丸山　「ここ長岡の」、「ここ」だから、ここの場所(18)。「長岡」は、長ーい（つまんだ指を左右に引き伸ばすように）(19)、と。「岡」は、人差し指と親指をつけといて、岡をつくっちゃおう(20)。「岡」

緑(16)

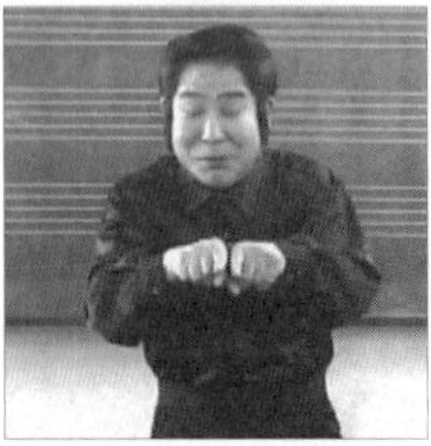

沿う(17)

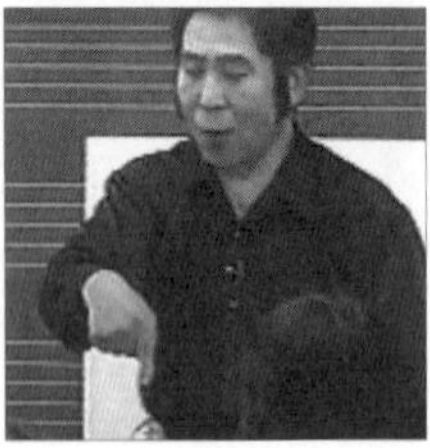

ここ(18)

長い(19)

岡(20)

坂(21)

ノ

上(22)

という字の「冂」をつくっちゃう。

「長岡の阪之上《さかのうえ》」、坂の上をやる(21)(22)。今までに阪之上小学校の校歌を先輩たちがずっと歌ってきた。でも、手話で歌ったのは君たちだけなんだ。

子どもたち　おおー。

丸山　カッコいいんだよ。で、君たちはずーっとこれが思い出になるわけよ。

男子　えー、忘れちゃう。

丸山　大丈夫、忘れても自分でつくればいいの。

子どもたち　えっ？

丸山　うん、どうせ人は知らないんだから。

男子　バレちゃいますよ、そんなの。

丸山　いや、バレない。つまり、それを伝えよう、表現しようという気持ちが大事なの。

校歌二番

丸山　二番にいきます。「この学《まな》び舎《や》に集《つど》う子よ」、君たちのことだ。学び舎は、学校の校舎のこと。

男子　学ぶ？

丸山　そう、学ぶ場所。「学ぶ」(23)は、本を開いて動かすから。「学び舎に」は、建物（両手を向かい合わせて上げ、手を直角に返して寄せる）(24)。「集う」は「集まる」（手を寄せる）(25)。

いいねえ。「文化の光、身に受けて」。「文化」の「文」は文章の文という字でしょ。文を書

学ぶ(23)

学び舎(24)

集う(25)

文化(26)

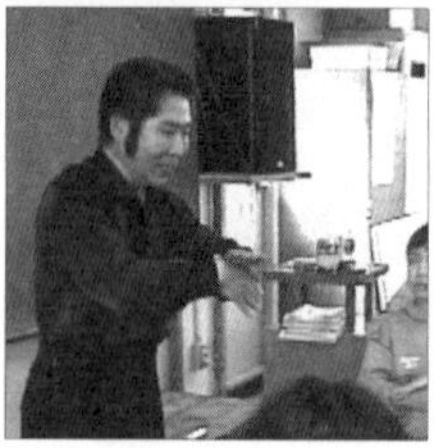
文化(27)

光(28)

身に受けて(29)

朝(30)

夕(31)

進む

くと、手紙になるでしょ。その手紙を入れることから、「文」という字はこうやって手紙を入れる動作からつくってる。手話では、これが「文化」になります。（両手の親指と人差し指の付け根を合わせる）(26)(27) 手を互《たが》い違《ちが》いに重ねて「文化」。それで、これをもっとカッコよく見せるために、上と下で「文」「化」とやる。

文化の光。いかにも「光」（右手を顔の斜め上でパッと開く）(28)じゃないか。「身に受けて」（両手を自分に引き寄せる）(29)。

いいなあ。「朝な夕なに進めかし」、「朝」というのは、起きるってことでしょ。だから、枕を外しましょう(30)。「朝な、朝な」、絶対起きるんだよ。目を閉じると、「寝坊」っていうことになるから。「夕な」は、暗くなるから、こう

（開いた両手を交差するように閉じる）(31)。「進めかし」というのは、まっすぐ行けっていうこと（右手をまっすぐ前に出す）(32)だけども……、君たちに相談がある。この「進む」がいいか、この「進む」がいいか（左手の上で右手を前に出す）、どっちがいい？

子どもたち　あとの方がいい。

丸山　みんながよければ、これでいこう。「進め」に「かし」があるから、「かし」(33)（両拳をしっかり握る）は強調の意味。

　このあとがカッコいいんだぞ。「勇気正義《ゆうきせいぎ》の二つ道」。勇気というのは肝《きも》っ玉が大きいという意味もあるから「勇《ゆう》ーっ、勇ーっ」（腹の前で両手で円をつくり広げる）(34)。

男子　それ、ケン玉みたい。（笑い）。

丸山　いい発想だ！　な、これはベルトのヘソのところなんだ。

進む(32)

かし（～する）(33)

勇気(34)

正義(35)

二つ道(36)

男子　なんかヘソがデカくなるみたい。

丸山　こんなデケえヘソがあるか、おまえ！（笑い）その次の、「正義」は正しいということ。心をまっすぐにする。「正義」「勇気」。

親指と人差し指を胸に当ててこれを上下に開く(35)。これはまっすぐ、「心がまっすぐ」という意味。正義というのは、心が一本、筋が通ってないといけないから。

男子　それ、チャックを外すみたい。

丸山　チャックを外すのはスーッとやる（ファスナーを閉じる動作に笑い）。チャックもちゃんと手話にあるよ。

「勇気、正義の二つ道」、まず自分の方を見てこうやって、「一つ道」（二本の人差し指を前に出していく）(36)。

カーッコいい！　歌手になったような気がする。うまいよ。これさあ、おそらくね、校長先生は惚《ほ》れちゃって、「この歌はいい！」って言うんでね、今度、他の学校の先生方が集まるときに発表会させられるかもしれないよ。

子どもたち　えーっ？

丸山　だって、それぐらいカッコいいもん、君たちを見ていて。

校歌三番

丸山　三番、いっちゃおうね。それでもって今日のレッスンは終わるからね。

「平和のしるしかかげもて」(37)(38)(39)。これ、ただこうやってる（両手を握り合わせる）だけではつまんないから、これを回そうか。

「越路《こしじ》の原の果てしなく」。これが「新潟」という手話なの（両手を交互に動かす）(40)。なぜかというと新潟港は、昔、日本の五大港といわれてすごく貿易《ぼうえき》の発達した港なんですよ。だから、船が出たり入ったりするから、これが「新潟」なの。それで「越路」ということなの。次は上原くんの「原」（両手を手前に向けて、円を描きながら動かす）(41)でしょ。「果てしなく」、は「果てしなく広い」(42)。

「愛と敬とを身にしむる」。「愛」はこれです（左手の甲を右手で撫《な》でる）(43)。これはね、これから

平和(37)

しるし(38)

かかげ(39)

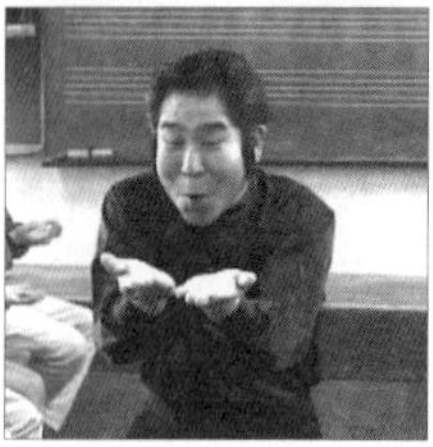
新潟(40)

原(41)

果てしなく（広い）(42)

愛(43)

尊敬(44)

身にしむる(45)

の手話でいろんなところで使うよ。あっ、君、いいねえ、心がこもってるよ。（笑い）

　次の「敬」とは何だろう？

男子　人を尊敬する（左手の上に親指を立てた右手をのせて上にあげる）(44)。

丸山　そうそう。それを「身にしむる」(45)。「身に」は体、体に覚えさせるということ。

　最後に、「自主協同の民として」。「自主」というのは、自分で物事をやっていく、積極的にやるのを自主、つまり自分がしっかりしているということ。ということは、親指を上にグッと上げてください(46)。これは自分が中心になって自分ががんばるんだということ。「協同」というのは協力するということでしょ。協同は、力を合わせる(47)。自主協同の「民」（両手の親指と小指を立てて振る）

自主(46)

協力(47)

民(48)

責任(49)

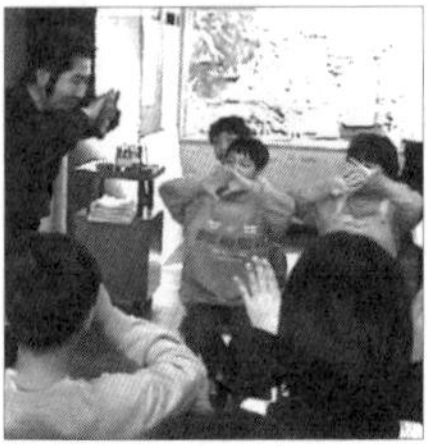

(48)。民というのは、つまり人間ってことだね。人。「民として」っていうのは、人間としての責任を持つ(49)。

発表会開催《かいさい》を校長先生にお願いする

丸山　それでは、明日の予定を言うね。それぞれが、今の校歌と「赤鼻のトナカイ」を練習して、それから全員でも何回か練習して、そのあと、下級生の諸君に見せるパフォーマンスをつくる。それとも、この教室の中でみんなで楽しんで終わりにする？　どうする？

子どもたち　見せる！

丸山　よし！　じゃあ、代表の何人かで校長先生のところへ行って、「わたしたち、校歌を手話で練習しましたので、みんなに見せたい」と言いに行こう。

男子　校長先生にも一回手話を見せたほうがいい？

丸山　見せたほうがいいな。じゃあ、呼《よ》んでこい。（笑い）

男子　いや、お楽しみとしたほうがいい。

丸山　そういう考え方もあるんだ。お楽しみで。そうすると校長先生、「えっ、校歌を手話で？　うん、ま、いいか」。で、実際に見て、「あっ⁉（驚《おど》きの沈黙《ちんもく》）（笑い）「えっ？　はっ？　おおっ……」。で、終わるころになると、「グスン……」。

男子　というか、反対に、「何だこれ？」って。

丸山　きびしーっ。（笑い）

じゃあ、また練習しよう。あともう一回やりますから、その間に代表三、四人で校長先生のところに行ってください。（子どもたちの代表が、校長室へ発表会の交渉に行く。残った子どもたちは、練習を再開）

歌い終わったら手を置いて、ゆっくり三つ数えよう。一、二、三つ目で、おじぎをしよう。これをそろえると、これもパフォーマンスになる。そのとき、慌《あわ》てないで。これで感動の世界をつくりましょう。

もう一度繰《く》り返す。今まで数多くの卒業生がいる。でも、この阪之上小学校の校歌を手話をつけて歌ったのは君たちが初めてです。そのすばらしい君たちのチャレンジに心から感謝して、「ありがとう」の広がりの輪をいただきたいと思います。最後は「イェーイ」でまいります。「広がりの輪、いただきとうぞんじまーす。よーっ！」

丸山　子どもたち　「あ」（一本の指でチョチョチョン、チョチョチョン、チョチョチョンチョンと一本締めの要領《ようりょう》で鳴らす）「り」（二本の指で）「が」（三本の指で）「と」（四本の指で）「う」（五本の指で）イエーイ！

丸山　はい、今日のパフォーマンスライブはこれで終わります。ありがとうございました。（拍手）。明日、楽しみにしてるぞー。

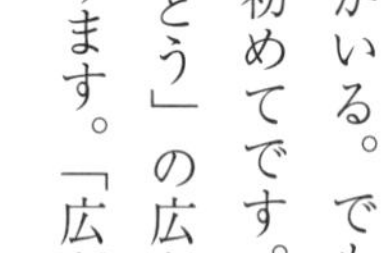

子どもたちに本気で向かう

丸山　アー、おもしろかった！　結局、ぼくが今回子どもたちに教えたいのは、手話を教えるんじゃなくて、手話を手段として、やっぱり出会いはいつも真剣にしようと。出会いは真剣勝負だと。そのためには、自分の持っているエネルギーやセンスを常に発揮することだという、そんなあたりですね。

関本　うん、いいね、よかったね。心配したのよ、どんな授業になるのかなと思って。マルちゃんが、自分を伝えたいといったときに、今の子どもたちにどういう形で伝わるのかなと。現代の子どもは、わたしやマルちゃんたちのころとはずいぶん時代が違いますでしょう。親の意識だって違いますでしょう。

丸山　いつまでも心配かけてすいません。子どもたちがシラけたらどうするんだとかね。

関本　シラけるというよりも……。

丸山　子どもたちが一歩引いたら……。

関本　そうそう。正直言うとそれがね。

でも、よかった。子どもたちはものすごく吸収していたね。十分に伝わっているなっていうのがわかった。子どもたちが意外に、わたしが自分で考えてたよりも素直っていうか、受け入れの体制ができているということに、改めて感激しましたね。

丸山　すてきな子ども

ここに登場される関本みね子先生は、丸山さんの小学生のときの担任だった。何十年ぶりの再会で、この授業を参観していただいた。

たちですよね。つまり、本気でぶつかってくる、まあこんなことを自分で言うのも口はばったいんですが、「本気でぶつかってくるヤツは受け止めてやろうじゃないか」というね。(笑い)あいつらすごいんだわ。「その代わり、手を抜いたらわたしたちも一歩引くぞ」と。これは、授業をしていて感じましたね。

関本 うん。現代の子はやっぱり賢いですからね。

丸山 そうなんです。だから、気取ったり、「どうだ、おれはいいこと教えるだろう」とか、「うまいだろう、おれは先生として」という意識を持ったら終わりみたい。それが何か見抜かれるというような感じですね。だから「今のおれを見てくれ」と、「今のおれを見て、今のおれを受けとめてくれ」っていう、ほんとに計算なしでこの課外授業をやらせていただいたのが、今のぼくの心の中ではたいへんさわやかに残っていますね。

関本 ほんと言うと、わたしも意外でした。あんなに子どもたちが質問をし、自分を出して話しかけてくる。それは予想しなかったですね。

だから、「あっ、マルちゃん伝わったー！」と思って、すっごくうれしかった。

丸山 「校長先生のとこに行くか」って言ったら、ほとんどの人が、行きたいっていう、あれはびっくりしたね。ふつうはあんなに行かないよ。一時間目は、「みんな発表するか？」「イヤだー！」なんて言ったのがね。

この先生に嫌われたくない

丸山 関本先生のことで、当時何にいちばん驚いたかって、子どもたちが先生の前に来たとき、「みんな、シャッポ、帽子をね。「シャッポを取れっ」て言うのね。シャッポを取れっ、おじぎ、礼っ！」と先生がやったんだって。その「シャッポを取れ」という言葉に子どもたちがすごくびっくりしたんだって。先生、もう忘れてるでしょ？

関本　うん、忘れてる。
丸山「『シャッポを取れ』、わたしね、この言葉にはほんとに驚いちゃった」とかね、子どもたちが言っていた。みんな、先生の言葉いっぱい覚えてるの。
　とにかく、ほんとにものすごく筋を通された先生なんで、だから先生に嫌われるのはいちばんイヤだったね。
関本　なんで丸山くんとこんなに通じ合ったかなと思うの。どっちかというと正義感の強い方でしょ。わたしも、どっちかというとね、あまり上にへつらうこともない。ちょっとまっすぐな気性というのか、その辺がやっぱりふれあうのかなって。
丸山　先生に切られるということは失格、自分が失格なんだと。こういう師弟関係ってすばらしいんじゃないですか。
　つまり、「この人には嫌われたくない、この人に切られたくない」、そういう人間がいっぱいいいるほど良い生き方ができるんじゃないですかね。
関本　マルちゃんだからそういうふうに受け止めたかもしれないけど。
丸山　やっぱり今の子どもたちにとって、いや、子どもたちに限らず人間関係において、「この人に切られたくない」という、それは出世とかそういうことじゃなくて、「こいつに切られたらおれは人間として価値がないということなんだ」と思わせる出会いが少ないいんじゃないんですかね。
　だからぼく、いまだにやっぱり、関本先生に「あ、マルちゃんダメになったな」というような感じを受けられたら、ぼくはものすごいショックでしょうね。ぼくはやっぱり、死ぬまで変わっていきたい。先生、これはほんとに大げさじゃなくて変わり続けるところを見てもらいたいんです。

運命を変えた師

丸山　ぼくは、やっぱり小学校、中学・高校と通して心に残る師というのは、全部心に残りますけれども、やっぱり自分の運命を変えた師というのは二、三人しかいらっしゃいませんからね。そのうちのお一人、杉田みね子先生（関本先生旧姓）。だからつい「杉田先生」と言うし……。

関本「マルちゃん」って言っちゃうし。（笑い）

丸山　やっぱりさっきおっしゃった、先生自体が本気なんですよね。それで不正を絶対許さないという。それを実際に通してこられた、その先生に切られるということは人間として終わりじゃないですか。切られないだけでなくて、「マルちゃん、あなたはよくがんばってるわ」っていう言葉が何よりの勲章なのね（笑い）。ご褒美《ほうび》なんですよ。それは、めったなことではおっしゃらないんです。「あ、お元気？」とかいうことはあったとしても。ところがたまさかお手紙なんかするときに、あるいはお電話なんかするときに、「がんばってるわねえ、よくやってるわね。さすがマルちゃんよ」って言われると、「あ、見ていてくれてるんだ」というね。

　先生の言葉で印象に残るのは、「男らしい男、人間らしい人間」。もうそれしかないですよね。もう本当にそれ一つですね。「なぜ男らしい男になれないの、丸山くん」。これをね、先生はきっと忘れてると思うけど、ぼくは、ズシーンときてね。「男らしい男、カッコいいな」と思ってね。責任をとるときはきちんととるんだ、それが男らしい男なんだろうなって。花瓶《かびん》の件のときにそれを言われたんです。ずーっとそれは、ぼくの心の糧《かて》ですね。だからすごいことですよ、それは。

関本　なんでそんなこと言ったのか、わたし、今わかんないんだけどね。

　あれからずっと教員生活を続けたんだけど、わたしやっぱりあのときの涙って、ちょっと言い過ぎだけど、〝真珠《しんじゅ》の涙〟だったなと思うんですよ。

その後、涙を流すことがあったとしても、もう真珠ではない、いろいろなものが混じった涙になっちゃって。あれはほんとに、自分でも意識外の、何ていうかなあ、教員になって初めて流した涙。

丸山　放課後にぼくらは残ってたんですよ。そのときは、「窓から出入りしちゃいけません」と言われてたのに、一〇人ぐらいで窓から出入りして遊んでたわけですよ。そしたら窓と窓の間の柱にかかっていた引っかけ式の花瓶にだれかが触れて、割れちゃったわけですよ。

それで、「あっ、黙って帰ろうか」とかなんとか騒いでるうちに、先生がみえたわけです。「あ、これは叱《しか》られる」と。教壇の周りにずーっと立たされて、「だれが割ったんですか?」というところから始まったわけです。

みんな、もうだれも名乗り出ない。しばらく五分、一〇分、くどくどお説教をするわけでもない、叱るわけでもない。「自分がやったと思った人は前へ出なさい」。あとは言葉なし。

それでしばらく沈黙が続いて、「男らしい男、人間らしい人間……、どうしてそれができないの?」って。(丸山さん泣き出す) なんで言葉がこんなに心に残るんだろう。「どうしてできないの?」あと無駄な言葉は一切なし。

フッと見上げたら、あ、泣いてる。先生泣いてる。そのときやっぱり美しかったんだろうね、その涙が。その言葉がずーっとぼくを、やっぱり支えてきたんですよね。迷ったときに、「男らしいやり方って何だろうか」と。「男らしい」ということだけじゃなくて「人間らしい」、つまり「自分らしいやり方って何なんだろうか」と。

こんなにおれみたいに、影響を受けた子どももいないと思うよ。見事にそのひと言は、ぼくの人生を包んだんですよねえ……。

誕生日を迎えて感激する

関本　ほんとにね、それをマルちゃんが自分で築いていった。わたしなんか路傍《ろぼう》の石にしかすぎないから。

丸山　いや、みんなが自分のライブの主役だし、自分の人生で自分が路傍の石なんてあり得ない。全部主役で。その関本みね子が主役を張るライブにぼくは登場させていただいたんだから、ぼくのライブに先生がずっと登場して、通行人じゃなくて、たいへん口はばったい言い方なんですが、共演相手として、ずーっとぼくのライブに存在してくださるということ自体が、やっぱり感謝ですね。

関本　毎年もらう年賀状に彼の姿が出てくるわけよね。今の気持ちとか努力している跡とか。だから、やっぱりわたしは、「がんばらなくちゃね。わたしもいっしょに行かなくちゃ」ってね。

どの年賀状だったかな。年齢を重ねていくということは歳をとることでしょ。だからどこかで、やっぱり「ああ、イヤだな」と思うことがあるわけ、誕生日が来ると。ところが彼は、「誕生日を迎えて感激してる」っていうのよね。

丸山　「ワクワクしてる」って。そうなんですね。

関本　うん、それを読んだときに、わたしね、「いや、誕生日をもっと感動して迎えなくちゃ」と思ったの。やっぱり生かされるわけでしょ。

丸山　「弥生《やよい》に未知の加齢」、これですね。「三月に年を加えるということで、ワクワクドキドキしています」。

関本　それでわたし、返事に「ワクワクドキドキで誕生日を迎えるなんていうことは予想もつかなかった。だけど、あなたによって、わたしはこれから誕生日を少しでもそんな気持ちで迎えたい」って、書いた気がするの。

丸山　はい、そうです。どの葉書にも「本物になったらゆっくりおめもじさせてください」と書く。「いつの日にかお目にかかれると思います」。おれがやっぱりずーっとお会いできなかったのは、まだ本物じゃないのよ。いつもね「本物になったら」とか「いつの日か必ず飛んでからお会いする」とか、「お会いしたい気持ちが募ります」とかね。

つまり、良い意味で手かせ足かせする。そうなのよ先生、先生はりっぱな教育をされました。

小学校時代からクサかった

関本　彼は「本気で語ることをわたしが言った」って言うけど、わたしはこの人は、なんていうか、すごく人間的に正直な人だったと思う。

わたしが若かったとき、わたしも真っ正直だったから、「よし、正直に生きなくっちゃ。まず事実を認めてそこからがんばろう」と、そういう気持ちを持ってきた。師範学校に入ったときに、哲学の先生がたまたま何かの機会に、「貧しければ貧しいままに、乏しければ乏しいままに、それが自分の真実であるならば、それを認めてそこから努力すればいいじゃないか」という言葉を書いてくれたのね。

たどっていくと、マルちゃんの工直な生き方っていうのかな、自分を隠さない、そういうことを見ると、マルちゃんとの出会いで、やっぱりその先生の言葉が、「そうだ、やっぱりこれなんだ」と、改めて思えたんです。

マルちゃんをひと言で言ったら、本当に「まっ正直」。で、ちょっと「クサい」。（笑い）昔から、クサさもあった。

丸山　昔からそうなんだよ。そのクサさは、先生にもあるんだよ、きっとね。（笑い）

関本　そうね、お互いにあったわね。

丸山　そのクサさが許せたんだよね。

毅然《きぜん》とした姿勢をとられて、毅然とした口調で、「あなたたち、前に出てきて並びなさい」、こりゃあ、クサいよ！　これは芝居だよ。（笑い）

でも、それがぼくらには心地よかったのね、今になって考えると。

六年のガキに向かってさ、「なんで男らしい男になれないの？」なんて、（笑い）今から考えてみるとさ……。

関本　すごくやっぱりクサいよねえ。（笑い）恥ずかしーい。

子どもたちに本気でぶつかることも

丸山　今日、先生が校歌を歌いながら手話をやっておられたんでね、ものすごくうれしかった。

関本　聞いているうちに、歌っちゃった。一つ大発見ね。子どもたちが意外に素直だったこと。

丸山　楽しかったんでしょ。

関本　それはやっぱり導入がうまいのかしらね。

丸山　そういう演出方法を先生はわたしに教えたんですよ。

関本　うん、クサさかもしれないけど、でもあれがないと、ほんとの意味での伝わりがないと思う。美しさがあるの。

丸山　やっぱり心から表現するんで、もし輝きとかそういうものが出るとするならばうれしいし、それを子どもたちに伝えたいですねえ。今の子どもたちの周りで本気になってぶつかる大人って少ないじゃないですか。それで、他の子と比較して、他の子と同じにならないと腹を立てる、そういう大人が多いなかで、「この先生みたいな、こういう生き方をしている大人がいるんだ」と。彼らにしてみれば、「えっ、こんなことやる人いるんだ」と、それだけでも、ぼくはこの授業をした意味があった。

授業④
手話パフォーマンス発表会

パフォーマンスステージ

チャレンジTHEしゅわ

課外授業二日目の四時間目、全校児童が体育館に集まり、六年生のパフォーマンス発表会が行われることになった。

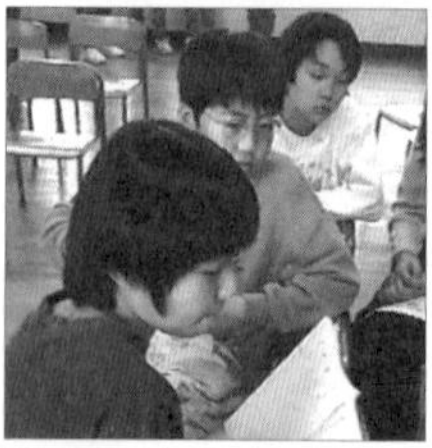

発表に向けての練習、台本にそっての打ち合わせも、時間をかけて行われた。

発表会が行われる体育館。全校児童が楽しみに開演を待つ。丸山さんのしぐさに下級生は、大喜びでステージを見つめている。

練習した「赤鼻のトナカイ」の手話をつけた歌に、下級生は、感心して見つめ入った。

「幸せ」

「クリスマスの日」

「発表します」

「暗い夜道は」

「真っ赤なお鼻の」

「喜びました」

「トナカイさんは」

「言いました」

見つめる下級生

真似をし始めた下級生

司会も、手話をつけて。「ありがとう」「どうしたんですか?」などを下級生に教えると、一年生の子どもまで、自然に真似ていた。

子どもたち自身のピアノ伴奏《ばんそう》によって、手話をつけた校歌の発表が始まった。

発表会の間に、ゲストチャレンジャーとして丸山さんが「長者ねずみ」の小咄《こばなし》を手話を交えて披露《ひろう》し、観客を楽しませた。

校長先生もにこにこ笑顔で、満足そうに発表を見ていた。

ステージが、大成功のうちに終了すると、六年生たちは、興奮の渦《うず》に包まれた。

成功は、下級生たちの反応にはっきりと表れていた。

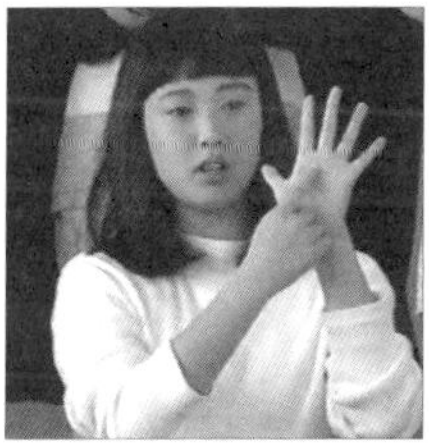

校長先生

給食時間に（子どもたちからの質問）

何になりたかった？

――マルちゃん、どこで生まれたんですか？

駅のちょっと向こう側でね、今、城内町っていうところ。駅から歩いて三、四分のところかな。街の中を通っていくから、学校に通うのがものすごく楽しかった。

――小さかった？

本当にね、小さかったのよ。ちびだったの。

――先生の子どものころの夢って何だったんですか。

それは、ものすごく難しいな。おれの小さいときの夢は、音楽家になることだったね。

――スーパーマンになることじゃなかったの？

うん。でも、あとでまたみんなに話すけど、夢見るということと、自分がやりたいなと思うこととは違う。やりたいことは「希望」っていうんだ。夢はいっぱい見て、希望はやっぱり一つを選ぶんだ。

給食の思い出

――給食は、昔と変わりましたか？

変わりましたね。おいしいです。昔の給食はね、まず、牛乳が粉だったし。

――脱脂粉乳だよ。

よく知っているな。

――あんまりうまくないんでしょう？

なんかこう、どろっとしている。

――くじらの肉を食べた？

そう、くじらの肉がおかず。

――くじらの立田揚げ？

そうそうそう。何でそんなによく知っているん

仲間に入れて

だ、みんな、昔の給食を。

いい仕事する人はみんな真剣

——ジュニアに会ったの？

ああ、もちろん。いっしょにテレビで。

——何のテレビ？

あれは衛星放送の「ミュージックジャンプ」という番組なんだ。

——マルさんは他にどういう人と会った？　志村けんにも会った？

志村けんさんともね。いっしょに仕事はしていないけどね、やっぱりお会いして。

——いいな。

みんないい人ですよ。それでね、本当に真剣に仕事するね。

——いいな、いいな。

いい仕事する人は、真剣になってやるわけです。だってあの人、ものすごく頭の回転いいもん。ぼくみたいに偉そうなこと言わないで、本当に軽く話していくでしょう。そこがいいんだよね。ああいう軽いタッチの方が好き。

小さいころから手話で話していた

——小さいころから手話が好きだったんですか？

小さいころは、知っている人に手話を使う人がたくさんいたもんで、そういうことで手話はいっぱい目にはしていました。だから、「好きか」って言われれば、言葉だからものすごく好きだったし、それで手話をつけながら話をすると、いっぱい伝わるような気がするわけ。

手話はね、自分を表現するのにものすごく役に立ったから。ここには長岡ろう学校というのがあるから、そこを卒業した耳の聞こえない人たちがいっぱいこの周りに住んでいて、学校へ行く途中とか帰る途中、耳の聞こえない人と、習

ったことがないけども、手話で話をしたの。それが、今、ものすごく思い出にありますね。

だから、君たちも手話を覚えたら、耳の聞こえない人がいたら、話しかけてね。

——いつもの生活はどんなふうですか?

まずね、ほとんどマルさんの仕事は、ステージに立って話をしたり、詩を朗読したり、歌を歌ったりする一人芝居みたいなライブ……。パフォーマーなわけね。

だから、全国のあっちこっちから「来てくれ、来てくれ」っていっぱいお声がかかるんで、ほとんど家に戻らないの。ホテルからホテルへ。そうすると、家に戻ったときはね、寝るのはだいたい夜中の一時ごろかな。

——体、壊れませんか?

ああ、壊れないね。だって、酒飲んでなおしているもん。

マルさんのお師匠は永六輔《えいろくすけ》さん

「おれにしかできない」っていったらこのキャラの濃さ。

——漫才師でもいいの?

漫才師でもいいわけよ。おれにしかできないものがあればね。それでね、ずっとやってきて、今、比較的希望は叶えた。ぼくみたいに四〇、五〇過ぎて、今、六〇歳近くになって……。

——六〇?

うん、もうちょっとで。ほら、校長先生と同じ歳だから。

——ああ、若い。

ありがとう。まあ食べてくれ。どうもありがとう。はいよ。

——マルさんの先生みたいな人はだれですか?

お師匠はね、ぼくが尊敬する人はいっぱいいるけれど、君たちは知らないだろう。永六輔さんっていう、浅田飴《あめ》の宣伝に出ているおじさんがいる。

自分が尊敬する人には、やっぱりその人に嫌われると嫌だから、一生懸命、生きようとするね。いい質問だよ。

それから、先輩と言えば、やっぱり耳の聞こえない人たちだろうね。耳の聞こえない人たちが、いろいろなことをぼくに教えてくれて、だからそれもやっぱりぼくの先生かもしれないね。

だから、できればぼくも君たちのいい先輩、カッコいい先輩になりたいですね。いつの日にか、おれが死んだら、二階にある伝統教室におれの写真が飾られて、そうすると、君たちが子どもの手を引いてきて、「ああ、これだよ、変態は。この人にな、なんか習ったんだ、お父さんは」って。それを夢見ています。

ステージでは今でも緊張する

――ステージではアガるんですか?

おれ流に言わせればね、やっぱり格好よく出会いを飾るにはどうしたらいいかなと思うとね、もう、ステージに出る前には、ものすごく緊張するね。もう、緊張して、緊張して、「さあ、いい話をしなくちゃ」って自分に言い聞かせながら。

よく言われるの。「もう、それだけおやりになっているから、アガることないでしょう」なんて。アガるよ。

今日だっておれ、教室に入る前、「さあ、どうしようかな」って思ってね。みんなが乗ってくれるかなと思いながら。それで戸を開けて、入ったとたん、拍手が出たでしょう。「やったぜ。拍手が出たぜ。よーし、じゃあ、やっぱり考えていた校歌で行こう」というようなことでね。

指文字50音図

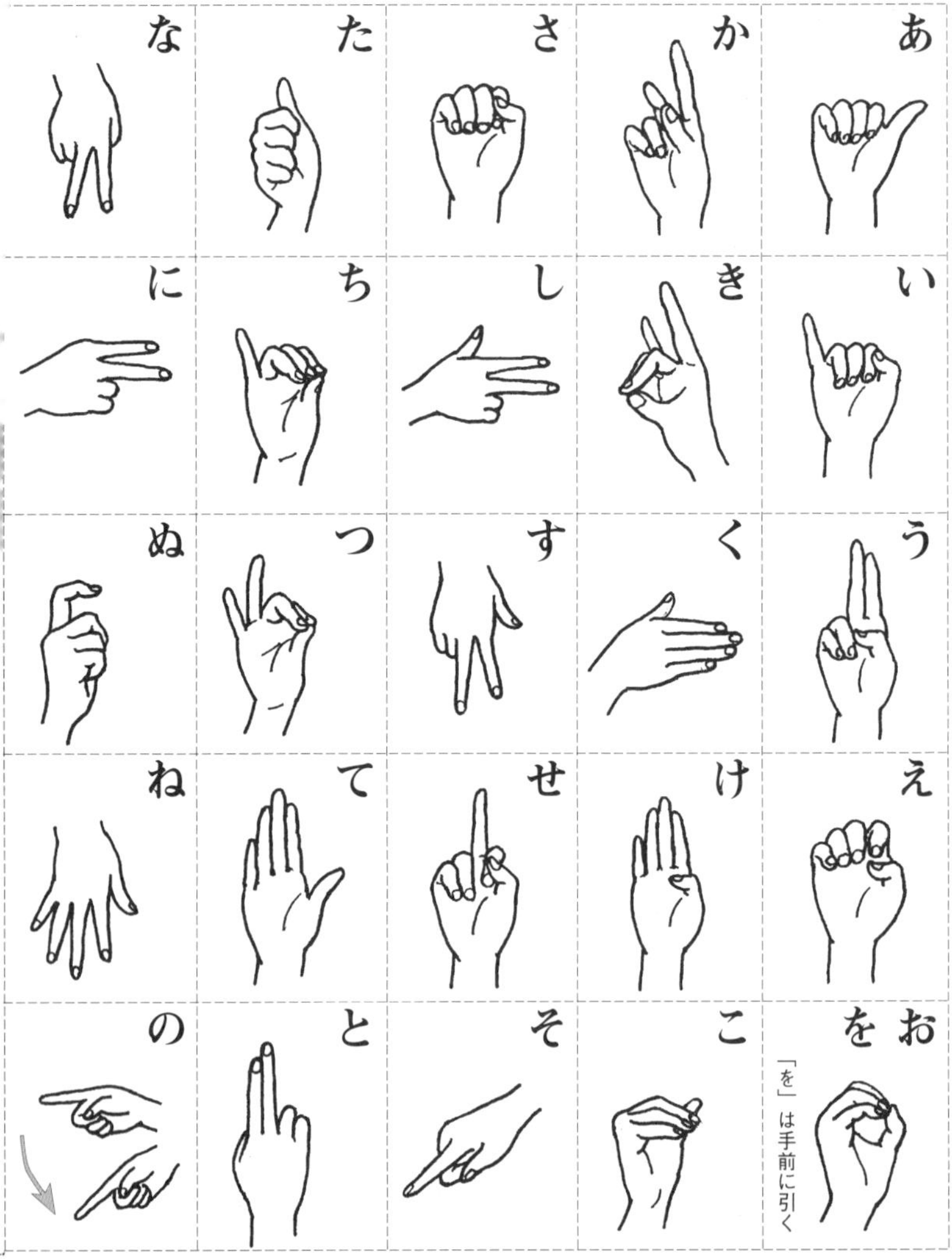

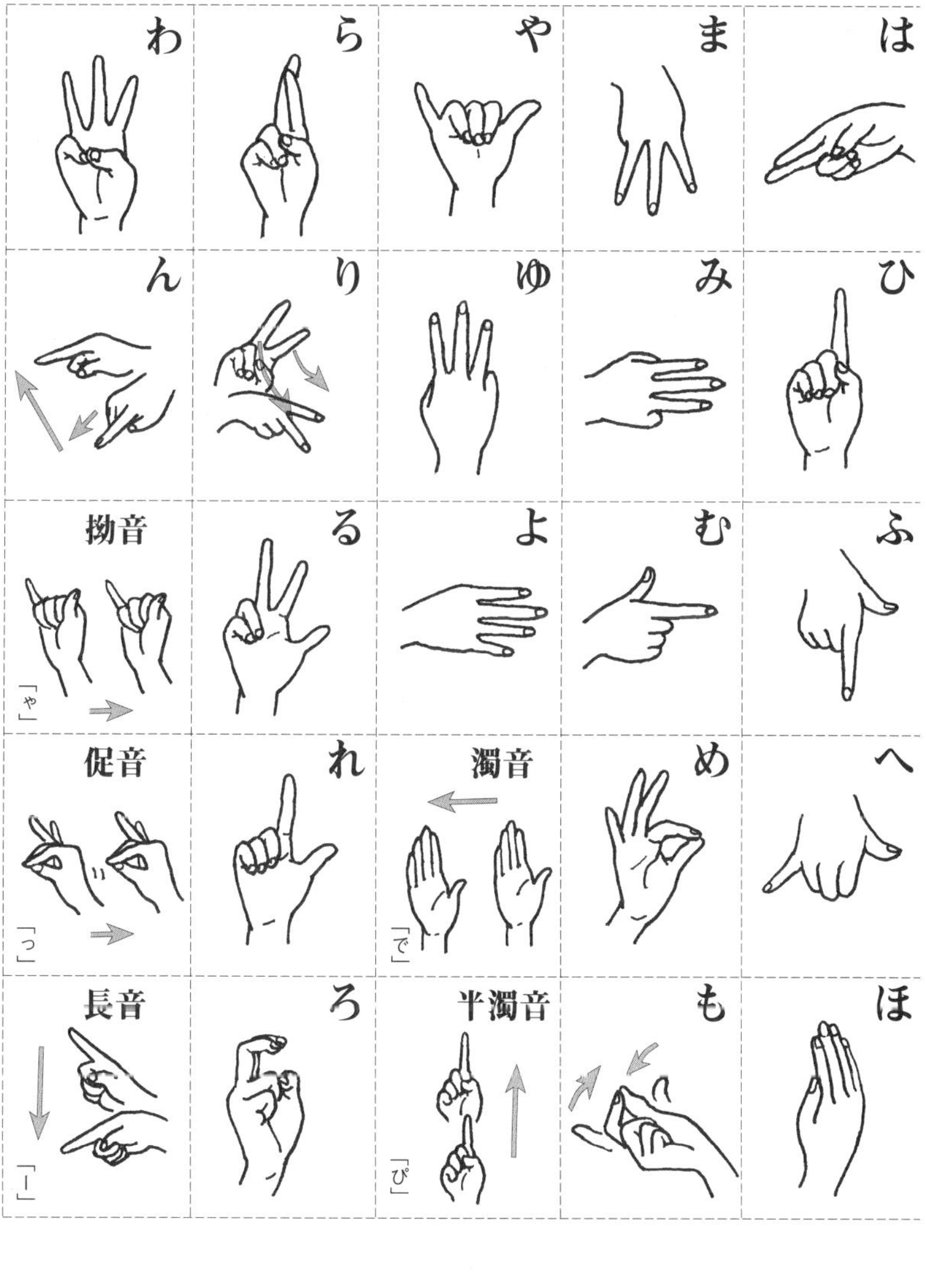
は
ひ
ふ
へ
ほ
ま
み
む
め
も
や
ゆ
よ
濁音
「で」
半濁音
「ぴ」
ら
り
る
れ
ろ
わ
ん
拗音
「ゃ」
促音
「っ」
長音
「ー」

授業が生んだもの

授業後インタビュー

今の小学生というのは、接してみてどうでしたか？

日本中の小学校がこんなふうだったら最高ですね。学校ごとにあまりにもばらつきがありすぎますね。

今回は戸惑うぐらいすてきな子どもたちでした。でも、すてきになろうと思っても歪《ゆが》められていく子どもたち、つまり、そういうふうに育てられている子どもたちも現実に見ていますので、その違いを今回はとっても感じました。

今の子どもたちをどんな感じで見ていました？　小学校ってどんなところだと感じられますか？

やっぱり、本気とか感動とかいうことを全く体験できない、つまり、そういうチャンスを与えられない子どもたちが多過ぎると思うんです。大人が、先生や親も含めて、本気で生きる、それから「今、生きているんだ」という喜びを感動する。そういう演出が大人たちにできないから、子どもたちに伝わらないんじゃないかなあ。

今回のこの課外授業で、子どもたちは本気でしたねえ。本気で短い時間の中でやり遂《と》げたという感動。ぼくは先輩として、いいプレゼントができたなって、誇りに思います。

今の子どもたちに、丸山さんが伝えたいことをもう一度。

今、自分の周りにあるものをあたりまえだと思わないでほしい。つまり、手が動く、足が動く、目が見える、耳が聞こえる、自分の頭で考えることができる、"これはすごいことなんだ""奇跡なんだ"と。それをどうもあたりまえだと思い過ぎている大人がいるから、子どもたちもそのことにあえて感動しない。でもハンディキャップを持ちながら、すばらしい生き方をしている子どもたちや大人もたくさんいるわけですよね。そういうことを考えたとき、自分にはすべてが一応与えられているということにもっと感動してほしいなあ。で、その感動がきっと意欲につながるんじゃないかなあ。

意欲というのは、人と争って一番になることじゃなくて、自分がやっぱりいちばん自信が持てるもの、「ヘイロウ」(HALO)、つまり仏さんの後光や太陽や月の回りにかかる暈《かさ》のように、自分も光らせてくれるものを一つゲットすれば、それがやさしさにつながると思うんですよ。なぜかというと、そういう「自分の光はこれだ」という、それがナイスヘイロウ、「とってもすてきな光なんだ」と思う自信が心の余裕につながって、その余裕が他の人を思いやるやさしさになると思うんですよ。

だから、自信を持つ。スタートで、すでに自分は奇跡に包まれているんだ、というところから始まるのではないかな、と、そう思います。

午後の授業で校歌を手話で歌ったねらいは？

まず、校歌の意味を知らない子どもたちが多いでしょう。校歌はあまりにも昔の言葉を連ねている場合が多いので。そうすると、まず校歌に意味があるということをみんなに勉強してもらおうと思いました。

それよりももっと大きなぼくのねらいは、自分たちにしかないものを摑《つか》んでほしいと。つまり、学校の校歌というのは、日本中に数多くの学校がありますけれども、その校歌はその学校だけのものですよね。その学校だけのもの、それだけでも、もうりっぱなオンリーワンだと思うんですよ。その校歌を、「わたしは手話をつけて表現できるんだ」「ぼくは手話で歌えるんだ」と。

ぼくは、これがものすごい財産になるんじゃないかなと思います。口ずさむとき、思わず、

「ああ、あのとき、手話でやったっけ」というような思いが湧《わ》いてくる。将来、おそらくこの学校、地域で大人になる子どもたちも多いと思うんですよ。そのとき、自分たちの子どもに、自分の母校にわが子が通うときに、「お父さんはな、手話をやったんだぞ」とか、「お母さんは手話の勉強したのよ」っていう、そういう自分だけのものを摑んでほしい。それにはやっぱり、いちばん耳なじみな校歌がいいんじゃないかな。

手話っていうのは――丸山さんのステージでの使い方もそうなんですけど――要するに単なる言葉ではないっていうのがありますよね。何なんですか。

やっぱり、ひたむきさじゃないでしょうか。つまり、音声言語というのは目をつぶっていてもいいわけですよね。心の中にその言葉を溶け込ませまいとすれば、聞くふりはできるわけです。でも手話というのは、まず目をつぶったら見えないでしょう。

つまり、目を開けて見つめるという作業は、これはふりというのは難しいんですよね。やはり、相手が一生懸命伝えてくると、それに対してリアクションをする。それがひたむきさにつながる。手話そのものは言葉なんだけれども、手話で会話するというのは、単に音声言語を行き交わせるのとはぜんぜん違う。ひたむきなものが手話にはとても溢《あふ》れているなと思うのです。

そうですね。感情と同時に、手話の強弱によってその事実の強弱を伝えることはできる。だから、「感情」というと、いかにも目に見えないもので、オーバーな表情をするとかいうふうにとらえがちだが、決してそうではなくて、手話で表現するリズムとか、強弱とか、それに並ぶようにして表情もある。そういうトータルなものが一つのリズムになって空気を動かす。わたしは、手話はすばらしい視覚言語だと思っていますので、たくさんの人にそれをわかってもらうために、伝えたいですねえ。

授業の最後の、体育館の発表で、一年生、二年生の小さい子たちが、初めて見る手話なのにサッと手を動かしている。あっ、やっぱりビジュアルなものが、視覚的なものが子どもたちには非常に効果的なんだな。とすると、大人たちも、子どもたちに話しかけるときにもっと視覚言語、表情や身ぶり、そういうものも含めて、イメージが変わるような視覚言語を心がけてほしいな。そういうことを、ぼくは、今回のパフォーマンスステージで改めて痛感しました。

あの演出を選んだのは、子どもたちですよね。子どもたちに任せたら、あのようにしたいと言った。まず一つは、今の子どもたちも、やっぱり自分を評価されたい、自分を認めてもらいたい。口では照れるんですよ。だから最初は「嫌だ」と言っていましたよね。でも、「自分を評価してほしい」という気持ちはみんなが持っているんですよね。
それと同時に、ステージで他の人がやらなかったことをやったという、オンリーワンですよね。つまりわたしたち、「この六年がやったんだ」という喜びをどういうことで証明させるか。やっぱり同じ学校に通ってくる下級生にパフォーマンスで見せることによって、あの子どもたちはものすごい喜びを感じて、うまくいけばちょっとした自信につながるかなあ。
課外授業では、ほんとに一〇分、二〇分、三〇分と時間が経つにしたがって、みんなの表情が変わってきた。身の乗り出し方が変わってくる。ぼくの方こそ、「何かすてきなやつらだなあ、こういう後輩に会えてよかった」って、今また原点に立ったような、そんな感動というか充実感がありますね。

「そうか、やっぱり一生懸命ぶつかっていけば、何かが伝わるんだ」ということを、自分が普段説いていることを、改めて今回の出会いで認識することができました。

丸山さんが子どもたちから逆に何か教わったことというのは？

彼らは非常に正直であるということ。つまり、自分が興味を示すものに関してくらいついてくる。わたしたちはちょっと気を許すと、フッとそういうものがなくなってしまう。つまり、彼らから「今、生きている」ということを教わりましたね。計算がない。グランドへバーッと駆《か》けていくときの「今、生きている」、「今、楽しみたいんだ」というような。それを積み重ねていけば、やっぱり、充実につながるんじゃないかな。

「この次があるから」とか、「やりたくないけど、まあしようがない、我慢《がまん》してやるか」ということをしないあの子たちを見て、自分の心に正直でいるという、そこらへんが、なんかハッとするような、やっぱり得るものでしたねえ。

いい出会いでしたね。

まずね、自分のキーワードを伝えることができた。ナンバーワンよりオンリーワンとか、みんな違う波の形とか、ムササビのチャレンジそして変身とか、そしてこのキャラの濃さを、あの子たちがのけぞりながらも最後には受け止めてくれた。

わたしの汗を見て、「脂《あぶら》だね、脂だね」と言いながら、その脂を触りにくるあの子たち、〝あいつら〟というのは、やっぱり何かに飢えているんだな。本気とか、汗をかいて何かをする大人とか、心から感動する大人たちとかに、そういうものに飢えているんじゃないかなあ。

そういうことも感じましたね。

授業が終わって

子どもたちの感想

――丸山さんはどうでした。

・ああ、もう、とっても楽しい人でした。
・表現力がすごくて、もう、迫力がバーッと押し寄せるような人でした。
・最初はまじめそうに見えたんだけど、来たときにあまりに不まじめっていうか……。けど、楽しくて、気楽に話せる人でした。
・笑いもあって、おもしろかった。
・おもしろくて、すごく教え方がうまい、いい先生だと思います。
・みんなを笑わせながらも、ちゃんと「どうしたんですか?」の手話を、一人ひとり全員に覚えさせてくれるようにしているので、すごく「ああ、いい先生だな」と思います。
・毎日、いてほしい。

――ステージはどうだった?

・ステージは緊張したけど、もう今度は、派手にいっちゃいたいと思います。
・ステージは、丸山先生のおかげで、リラックスできてよかったです。
・すごい。司会だったから緊張したんですけど、マルさんがすごい明るく話しているのを見て、緊張がほぐれたというか、まだ、自信がないんだけど、話すこととかができない人に手話で声をかけたりしてみたいと思います。

――手話というのはどう思う?

・手話は、耳の聞こえない人としゃべる大切なものだ。
・ぼくは最初は難しくて、あんまりできなかったんだけど、丸山先生に教えてもらって楽しく手話ができるようになったからよかったです。

・耳の不自由な人に手で気持ちとかを表せて、すごくいいと思います。

・なんか、手話にすごく関心が持てて、これから耳の聞こえない人にも接していこうと思いました。

・医者を目指していたんですけれども、これから手話ができる医者になりたいなと思いました。

丸山さんの感想

おもしろかったですね。もう、本当にわくわくしながら楽しくやらせていただいて、なおかつ、子どもたちのあのきらきらした表情。ぼくはもう、それだけで満足ですね。

校歌のすばらしかったこと。そして、それ以上にまた、すばらしかったのは、聞いて見てくれている下級生の諸君がね、いっしょになって乗ってくれたもんね。いっしょになって「赤鼻のトナカイ」でも何でも、やってくれたでしょう。あれはもう、うれしかったよ。

だから、毎日こういう積み重ねをしていったら、とっても充実したいい世界が展開してくるね。

授業・その後

子どもたちからの手紙

男子　手話は、耳の聞こえない人には大切な言葉だということがわかりました。
男子　手話の大切さ、耳の聞こえない人の気持ちが伝わりました。それを楽しく教えてくれて本当にありがとうございました。
男子「変われるんだよ」と心に思ってチャレンジします。
女子　授業の前は、手話ってとても暗いものだと思っていましたが、見方が変わりました。
女子　一日目を休んだのに、丸山さんがとてもやさしくて、手話も早く覚えられました。
男子　丸山さんの言っていた、変身がしたいです。
男子　教えられた手話を全部覚えています。心の中にぎっしりつまっています。丸山さんといっしょに走ったことがいちばん心に残っています。耳が聞こえない人がいたら、助けてあげるのがぼくにできる唯一のことです。
女子　友だちみたいに接してくれて、すごくうれしかったです。
男子　ぼくの夢は学校の先生になること。そのためにいろいろチャレンジしていきたいと思います。
男子　修学旅行のとき、「アイラブユー」のサインをいつもしていました。「どうしましたか？」の手話も今度してみたいと思います。
女子　もう少し手話にチャレンジして、少しでも人の役に立ち、丸山さんみたいにすばらしい人になりたいと思います。
女子「どうしたんですか？」を使って、耳の不自由な人を助けたいです。それから「人はチャレンジして変わる」の言葉は、最高です。
女子　校歌の意味がわからなかったけど、丸山さんのおかげで、手話と校歌をいっしょに覚えることができました。
女子　わたしは、マルさんがなれなかった音楽家、手話のできるエレクトーンプレーヤーになりたい。
男子　いっしょにパフォーマンスステージをやったことがいちばん楽しかったです。この授業は一生、忘れません。
女子　校歌の手話がいちばん心に残っています。発表の次の日、低学年の人から「ねえ、ここどうやるの？」とか「手話ができるなんてすごい」とか言われました。
男子　後でくださった色紙はコピーかと思っていたら、ひとりひとり全部手書きでびっくりしました。
女子　わたしたちは「大きな古時計」など、前にみんなで手話をおぼえたりしたことがありました。今度、マルさんから手話を教えてもらってから、手話の意味を深く考えるようになりました。くださった色紙や台本は一生の宝になりました。「海の波と同じように、同じ人はいない」という言葉が心に残っています。
女子　歌詞の意味をわかりやすく教えてもらいました。わたしは「チャレンジ」という言葉がとても心に残っています。これからわたしはピアノのむずかしい曲にチャレンジしていきます。
女子　マルさん、授業のあった日、わたし、お父さんとお母さんに「アイラブユー」と「どうしたんですか？」の手話を教えてあげたんです。「へえー、おもしろいね」と言ってくれたので、つい嬉《うれ》しくなって他の手話も調子にのって教えてあげました。おばあちゃん、イトコにもみんなに、手話を教えてるんだよー。
男子　手話ニュース、がんばって下さい。これからも手話ニュース８４５を見ます。
女子　すごくうれしいです。先生とのふれあいがとても楽しかったです。わたしは、マルさんのことを忘れません。

授業・その後……

「あっ！　丸山浩路さんだ」

男の子の声がしました。

新潟は長岡市、駅の近くの長岡グランドホテル正面玄関でのハプニング。

その日はグランドホテルで五〇年来のわたしの親友の息子の結婚式、その披露宴の司会・進行をおおせつかってのグランドホテル入り。今まさに正面玄関に入ろうとした、そのとき「あっ！　丸山浩路さんだ」のボーイソプラノ張りの声。声のする方に目をやると小学三年くらいの男の子たち五人が息せき切って駆けてくるところでした。

「丸山浩路さんだよ！」

先頭の男の子があとに続く友だらに誇らしげに叫びました。

わたしもいろいろな所で名前を呼ばれますが、七、八歳ぐらいの男の子に透き通った声で「丸山浩路」とフルネームで、しかも「丸山浩路さん」と〝さん〟づけで呼ばれるってのはそうないですよ。

その声がウィーン少年合唱団を思わせる透き通った声、美しい声であればあるほど、心身ともに汚れきったわたしとしては「おい、そんな美しい声でこんな汚いものを呼んじゃいけねぇ」という感じで、何かこう落ち着かなくて、言葉に詰まっ

ていると、

「丸山浩路さん！　ネズミの話、おもしろかった」

「ネズミの話？　あー、君たち阪之上小学校か」

「うん、そうだよ。校歌の手話もカッコよかった」

「そうか！　後輩か！　君たちは」


ちょっと説明させてください。

ＮＨＫの番組「課外授業　ようこそ先輩」のお声がかりで、わたしの母校「長岡市立阪之上小学校」の後輩諸君とご縁を持つことができました。「課外授業　ようこそ先輩」というのは、小学校の先輩が、自分の得意なジャンルで母校の後輩たちに授業をするというテレビ番組なんですよ。この番組での〝丸山浩路バージョン〟は、ステージパフォーマーとして後輩たちに手話パフォーマンスの授業をするというもので、四十何年ぶりかの母校訪問でした。

四時間の課外授業。いやあ、おもしろかったですね。授業に、子どもたちは最高の反応を見せてくれました。でも、実を言うと、この番組の出演が決まったとき、わたしは悩みました。

手話パフォーマンスで課外授業！　さあ、どうしたものか。おれでなければならないオンリーワンの授業とは。子どもたちの心に残る先輩とは。

そうだ！　まず名前を覚えちゃおう、フルネームで。初対面で顔を見て指さして、フルネームで呼んだら、子どもたち、ビヨヨーンだぜ。おれの授業のときは全員名札を外してもらおう。

ＮＨＫに頼んで六年生の二クラス総勢四九人の顔写真を撮ってもらって、名簿と写真とをつき合わせて覚えていく。

夜中にフッと目が覚めて名簿順に声を出す。おかしなものでど忘れしているとどうやったって浮かんでこないんですよね。仕方ないからわざわざ起きて名簿を確認に行く。課外授業の撮影の日が近づいて来る。その前に全員の名前は覚えた！

でも日光の手前だな。今市だぜ。いまいちドンとくるパフォーマンスが浮かんでこない。

校歌だ！　阪之上小学校の校歌に手話でチャレンジだ。このひらめきに心が踊るようでした。

いよいよ授業の日。一人ひとり指さしてフルネームでの声かけに子どもたちもびっくり！

「えーっ、どうして、なんで知ってるの！」

へへ、大成功。

そして校歌チャレンジの三時間目はこのひと言からでした。

「みんな、自分たちが歌っている阪之上小学校の校歌、意味知っているか」

「知りませーん、わかんなーい、考えたことありませーん！」

「よーし、それならマルさんが教えてやろう」

みなさん、ご自身の小学校時代の校歌、覚えておられます？　ほとんどお忘れではないでしょうか。ひょっとしたら「校歌はなかった」と思いこむ方もいらっしゃると思いますよ。なぜ記憶に残らない。意味を知らないまま歌っていたからではないでしょうか。ましてや昔の校歌の歌詞は何かかたくて。阪之上小学校の校歌も然《しか》り。大正ひとケタの時代の作詞作曲ですからね。

やりましたね！　料理しました、校歌を。

歌詞の意味を教えていくと、子どもたちは目をらんらんと輝かせて食いついてきた。

「いいか、手話でやってみるぞ！

♪文の林に生いたてる　若木は国の柱ぞと」

子どももってすごい。初めて見るのに〝見よう見まね〟で手を動かすんですよ。

なかなかの三時限、四時限でした。ところが事態が思いがけない方向に転がって行きました。授業時間が終わるころ、六年生の子どもたちが「自分たちの手話パフォーマンスを下級生に見てもらおう」ということに賛同し始め、とても積極的になったのです。目立ちたがり屋の先輩がいると、後輩もそうなるんですかね。でも、時間割の決まっている学校ですからね。もし、そうしようとすると予定外の時間になるし、下級生を集めなければならない。

「校長先生に頼んでくる」

「行くか?」

「行きまーす。行く!」

ドッドッドッドと教室を飛び出した子どもたち。すぐにドドドドと戻ってくる。

「どうした!」

「ハーハーハー、校長先生が『こんなに大勢で来て、いっぺんにしゃべってもわからないので、ジャンケンで代表を四人決めてその人たちだけ校長室に入って、あとは教室に戻れ』そう言われた」

校長先生の粋《いき》な計らいで、時間割が変更になる。事情を知らない五、四、三、二、一年の下級生に体育館集合の指令。わけもわからず集められて……いい迷惑ですよ、下級生は!

かたや六年生の諸君、息をひそめての舞台裏、緊張で身体の動きがコチンコチン。

「六年生の入場でーす」に始まって、六年生全員によるパフォーマンスステージ。

下級生の楽しそうな笑い声に、広がる拍手に六年生は大満足で体育館を退場する。

教室で口々に「緊張した」「疲れた」「おもしろかった」「カッコよかった」……、興奮のるつぼ。

そしていよいよ後輩と先輩の「さよなら」のフィナーレ。「課外授業　ようこそ先輩」ではラストシーンは校舎をあとにする先輩が定番。わたしも重い鞄《かばん》二つぶらさげて、校舎をあとにする……と校歌が聞こえてきました。後ろを振り向くと、全員が並んで手話をしながら阪之上小学校の校歌で「別れ」を演出していたんです。一人残らず全員が、校庭に並んで……おれ泣いちゃったです。

「あっ、丸山浩路さんだ！」と叫んだ五人の子どもたちは、その体育館に集められた下級生だったんです。

「ね、丸山浩路さん！」

「うっ」

「やって！」

「何を？」

「校歌とネズミ」

「校歌とネズミ？　どこで？」

「ここで」

「えっ、ここで？」

「うん。この子、あの日はお休みしたんだ」

そう言った男の子は、隣にいた友だちの腕にそっと手をあてた。

「欠席だったの？」

こっくりとうなずく子どもたち。

「だから丸山浩路さんのネズミ見てないんだ。校歌も見てない。やって！」

場所は長岡グランドホテル正面玄関、立ち止まってニコニコしている人が増えていく。

ひたむきな子どもたちの眼差しにわたしのパフォーマー根性が目覚めてしまったのです。

声色を使っての「長者ねずみ」。

〝長者ねずみ〟に〝太陽〟〝雲〟〝風〟〝壁〟と手話もボディ・ランゲージも使い分けての五分のステージが、ホテル正面玄関で繰り広げられていった。

拍手のなかで阪之上小学校の校歌パフォーマンスにリズムが流れていく……。

子どもたちは手話パフォーマンスの課外授業を受けてもいないのに、手を動かしていっしょに歌い始めた。

子どもたちはおおはしゃぎ。そのときでした。

学校を休んだその子が、わたしの身体にさわってきたのです。しがみついてきました。（おっ、男の子にさわられるのはひさしぶり！）

小さい声で話しかけてきました。

「丸山浩路さん」

「うっ？」

「いい人なんだ」

「えっ？」

「いい人なんだ」

これ、ドラマだぜ。感動してるんだ。感動すると素直になる。

「ありがとう。〃長者ねずみ〃やってみるか？」

「やらない！」

テレビドラマのような感動パフォーマンスは生まれませんでした。

駆け去って行く子どもたち。グランドホテル脇の平和公園で立ち止まって、

「丸山浩路さーん、いい人なんだー、さよならー」

ぼくの課外授業……ぼくのライブ。また一つ宝物が増えました。

手話との出会いを語る

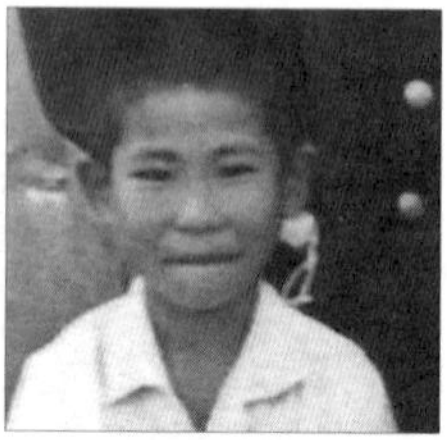

「課外授業」テレビ放送後約一年経った二〇〇〇年三月二三日、丸山さんはＮＨＫラジオ「いきいき倶楽部」に出演された。そこで、丸山さんの今までの歩み、生き方がご自身の体験談として語られた。

とりわけ、手話との原体験は、これまであまり語られなかったことである。

授業記録やインタビューとともに、丸山さんの生き方がよく伝わるこの体験談を併せてお読みいただければ、「丸山浩路との出あい」はより深いものになると思って収載した。

「目立ちすぎてごめんなさい」

ＮＨＫ手話ニュース８４５のキャスターとしては、テレビであまりしゃべらず寡黙にしております。やはりプロのディレクターの方々の原稿を解説しながら読みますので、個人的な感情・せりふは入れないように努力しています。

しかし、その実態はステージパフォーマー。講演というカルチャーとショーとしての芸能をミックスして、一〇〇分なら一〇〇分、その中にメッセージ朗読を入れたり、自分が見聞きした、体験したエピソード語りを入れたりして構成していく。こういうステージパフォーマーというのは、おそらく日本ではわたし一人でしょうね。わたしのつくった言葉ですから。

全国を公演して回っています。旅の時間というのはやっぱり楽しいですね。ほとんど家へは戻らずに旅から旅へという大変楽しい日々なんです。つまり、行った先々で口コミでお声をかけていただくんで、九州に一度うかがうと、翌年はほとんど九州。北海道に一度うかがうと、翌年はほとんど北海道とか。口コミで紹介していただきながら、それで比較的に全国からご依頼いただいているという感じです。

手話ニュースはご縁をいただいて六年ぐらいになるんですけれども、わたしのライフワークとしてやらせていただいていますが、その前からかれこれ一七、八年間、ステージパフォーマーの出会いを積み重ねてきましたので、その口コミで何やら丸山ワールドをみなさまがつくってくださる。うれしいことでございます。

日本では、目立つとか自己顕示欲を露《あらわ》にするというのは比較的軽蔑されますよね。この間、NHKのFMラジオで小林さっちゃんこと小林幸子さんと、はかま満緒《みつお》さんなどと二時間ほどやらせていただきました。ゲストは小林幸子さんと丸山浩路で、そのタイトルは「目立ちすぎてごめんなさい」。

目立つというのは、わたしにとっては、風呂敷を広げた以上、ラッパ吹いた以上、それだけのことをやらなかったらおれは嘘つきになる。自分を一生懸命生かすための手枷足枷《てかせあしかせ》、その手段としての自己顕示欲、それが目立つということです。これには最初はみなさん、身を引きましたね。「ついてゆけない、キャラが濃い」。「クサタレのマル」から「キャラ濃いのマル」、将来はなんとか「香りがあるマル」とかになりたいですね。日々発展途上で毎日変わっていきますね。

ニュースの手話はスリルがあっておもしろい

手話というのは、とっても表現が豊かで、障害をお持ちの方だけではなく、みなさんにとってもわかりやすいものです。

でも、みなさんはほとんどお気づきにならないんですが、例えば、「二見《ふたみ》さん」というお名前が出る場合に、「二見」と耳に入ればもう名前だとわかりますよね。ところが手話にすると、数字の「二」を出して、それから「見る」、となるわけです。すると「二人が見る」あるいは「数字の二を見る」というふうに読まれる場合があるわけです。だから、最初に「名前」という手話をふって「二見」。「場所」という手話をやって「東京」。そのように、手話では、お気づきにならないところでカバーしています。

それから、ニュースの場合にもっとおもしろいのは、「クローン」とか「臨界」とか新しい言葉が出てきたときです。最近では「監察官」とか「検察」。それぞれ、みんな違う。そうすると一つの言葉に対して、三つ四つ五つの手話を裏に打っていくわけです。これが楽しい作業で、スリルとサスペンスですね。

一度手話をおやりになったほうがいいと思うのは、覚えなければいけない、そしてそれを表現しなければいけない、それを伝えなければならない、こういう意識がものすごくホルモンを活性化させるんですね。手話ニュースの場合、難しい言葉や初めての言葉が出てくればくるほど、キャスターの人たちはハッスルするんですよ。既存の手話でどうやって裏付けをしたらこの言葉が伝わるか。

「クローン」という言葉をニュースでわたしたちが聞いても、「あ、クローンか」と思いますよね。ところが手話ニュースに関しては、「クローン」と言ったらクローンが何を意味するのか、「臨界」と言ったら何を意味するのか。

例えば「臨界」はどういう表現をするかといえば、左手を水平にして、右手を垂直にTになるように当てて、「タイム」というのが「限界」。それで縦にした右手を上にポンと上げるわけです。つまり、「限界」を超える。で、事故ですから、「広がっていく」。両掌を広げて、下に向けてバーッと広げる。そうすると、「臨界」と言いながら「限界」を「超え」て「広がる」「事故」という五つの手話です。これはおもしろいことなんです。

手話とかかわった原体験

手話とかかわる経験で、いちばん原点となるものは終戦の年なんです。わたしは新潟県長岡市におり、空襲に遭《あ》いました。当時、数えで五歳。信濃川へ逃げていくときに、前を走っていく親子がいました。幼い男の子とお母さんでした。お母さんが引っ張っていくんですよ。そのとき、Ｂ29という爆撃機が来まして、焼夷弾《しょういだん》をサーッと落としていくわけです。わたしたちが逃げている道に落ちて来るんです。それでみんな田圃《たんぼ》の方に逃げるわけですよね。わたしたちも前の親子も田圃の方に逃げたんです。ところが風の拍子か何かでもって、道に落ちてくる焼夷弾が田圃の方へスーッといったんですよ。焼夷弾はあまり重い爆弾ではないので、風で流されるんですね。

それで、スーッと田圃の方へ行って、「危ない、みんな戻れ」。それでみんな道の方へ戻ったんです。そうしたら、その親子だけがズンズンズンズン田圃の中を走っていくんですよ。手を引っ張られている男の子が胸を叩いていました。そしてお母さんがやっぱり胸を叩いて引っ張っていくんです。田圃の中を走っていくうちに、風で流されてきた焼夷弾がスーッと落ちてきて、わたしの目の前で閃光《せんこう》、つまり光が炸裂《さくれつ》したと思ったら、その二人は消えちまったんです。

覚えているのは、その光景と、それから、担架《たんか》で運ばれていく、血に染まった赤いゲートルを巻いた若者たちと、その二つのことしかないんです。

後で、あのとき男の子が胸を叩いていたのは「危ない」という手話。それでお母さんが胸を叩いていたのは「大丈夫」っていう手話なんだとわかったんです。そうすると、あのお母さんは耳が聞こえなかったんだ。だから焼夷弾が落ちてくるときの「ヒュルルルルー」って音が聞こえない。「危ない、みんな戻れ」という声が聞こえない。だけど耳の聞こえる男の子はわかるから、お母さんを道の方に戻そうとする。お母さんは、焼夷弾は道の方に落ちてくるということを知っているから、田圃の方に走っていく。後で気がついたんですが、あれは耳の聞こえないお母さんだったんだ。あれは手話だったんだ。それが強烈に残ってますね。

手話との出会い

わたしの本家は新潟で地酒づくりをやっているんですが、そこにわたしは毎週のように帰っていました。信越線でいつもごいっしょする、大変上品な五〇歳代の方がいらっしゃいました。その方とたまたま信越線で向かい合って座ったときに、事件が起こったんですよ。

車内で車掌さんが「ただ乗りするのか」っていう声でみんなパッとそっちを見たんです。そうしたら一人の男の人が車掌さんに首根っこを捕まれて、「ただ乗りするのか、何とかものを言え」。それで、わたしたちが見てるのに、いつもお会いになるその立派な方は静かに本を読んでおられるんです。

「あれっ」と思ったんですが、そのうち、みんなが揉《も》めているのにお気づきになって、立ち上がって車掌さんのところに行きました。トントンと肩を叩いて「ダメダメ」と手を横に振ったんですよ。そしたら車掌さんが「おまえの友だちか、ただ乗りしてるのはおまえの友だちか」って言ったんです。

そのときにその紳士は胸から名刺を出されたんです。「横尾義智《ぎち》……」。あーっ、あの小黒村の村長さんだった横尾さんけえ」。この村は今じゃ安塚《やすづか》町と言っておりますが、当時小黒村で、耳が聞こえないのですが村長さんをやった方なんです。ろうあですよ。おそらく世界でもお一人じゃないですか。車掌さんはご存知だったんですね。戦前は話題でしたから、ろうあで村長さんをやったことは。「横尾先生か」。それで車掌さんと筆談をして終わったんですよ。

それで耳の聞こえない男性の方も自由の身になった。

わたしの前に座られた横尾シがニコッとわたしに笑って筆談されたのは、「いつもお会いしますね」。そこから、月一回か二回、高田とか長岡とかの駅の近くで待ち合わせて、手話をどんどん教えてくれるわけですよ。

九歳から一三年間ですか。これが、手話というすばらしい言葉との出会いでした。

横尾シ、この「シ」というのは教師の師、尊敬する師と表現しています。師のことでいちばん印象に残っていることがあります。信越線に鯨波《くじらなみ》というところがあるんですよ。波がどーっと押し寄せてくる。その師が曰く「これだけ数多くの波が寄せて引き返しても、同じ形は一つとしてない。人間もそうだ。数え切れない数多くの人間がいても、みんな違う波の形なんだ。わたしはたまたま耳が聞こえない波の形なんだ。だからわたしは手話を使うんだ。いろんな形の波があるんだから、いろんな人がいていいじゃないか」。

今わたしは、これを多くの人に説いています。横尾師はパナマ帽をかぶってほんとに立派なおじいさまでした。それでもっと感動したのは、汽車に乗っていると、あるとき、ボーっと汽笛が鳴るんですよ。横尾さんには聞こえないんですよ。けれどスッと立ち上がって、窓を下ろすんですよ。そうするとトンネルに入るんです。昔はトンネルに入ると、車内に煤《すす》が入り込んで来るんですよね。

横尾師はご自身で聞こえないのに、何回も往復しているから、もうトンネルだな、というのが周りの車窓の雰囲気でわかるんです。だから、ボーっていうのが聞こえないのに窓を閉める。で、トンネルを抜けると開ける。

「命の電話」

空襲での親子との出会い、横尾義智師との出会い、全部ターニングポイントになりましたね。人間それぞれが違う波の形なんだという話を聞いたころ、あれは一二歳のとき、一九五三年でしたかな、イギリスの市民運動の一つとして、「命の電話」ができたというのを聞きました。

それを聞いて、「ちょっと待って。今、自殺しようとする人がわざわざ電話するかい？」それから「『死にます』という人に向かって人間が言葉でもってそれを止めることができるのか？」人間って一体なんだろう？　そのとき初めて人間の心のひだ、心の深さと弱さ、そういうものを感じました。

そのとき、そうか、ぼくは人の心の何かにふれるようなそういう仕事をしたいな。そこに横尾師の「みんな違う波の形」があって、そして、手話を通して自分を表現していく。これをうまくミックスしました。そして、大学を出たときに、一つのカウンセリングチームをつくってカウンセラー、心理セラピストつまり治療士としてスタートしました。

スタッフの弁護士さんとかお医者さんとか、珍しいところでは映画の演出家、そういう人たちを含めて七人でチームをつくりました。

一つの悩み事には解決しなければならないことがいくつかあるはずだ。例えば会社の経営がうまくいかない。それに伴って夫婦が離婚するかもしれない。子どもはどうする。つまり一つの問題を解決するのに、いくつかのきっかけをクリアしていかなければならない。そういうことで専門家を嘱託《しょくたく》というかたちで集めました。わたしはそのチーフとしてやってきました。

その相談は、有料でした。人のトラブル、悩みに入っていって、人の人生のほころびを縫《ぬ》ったりするのにそれなりの報酬《ほうしゅう》をいただいたほうが、自分たちの仕事に対する責任になるのではないか。これは後で申し上げますが、プロの手話通訳者宣言も、同じ考えなんです。

そこでもって面接のテクニックとして手話をやりました。人の気持ちは言葉を聞かせるのではない。言葉を見せるものだ。それから人の言葉を聞くのではない。人の言葉を見るんだ。ビジュアルなものがコミュニケーションのポイントに絶対なると思った。

伝わるということが大事なんだ

あるとき相談にみえた方が、「先生、おかげで娘もろう学校に行っております」。その方はお子さんが生まれて九か月で先天性聾《ろう》ということがわかって、ご相談に来られたんです。幼稚部からろう学校に行って、そこでは口話教育を受けていました。口話教育というのは、残存聴力を活用して、唇で話をする、唇を読みとる、そういう訓練をする教育で、早くそれをさせた方がいいですよ。そういうアドバイスを申し上げた方です。

この方が久しぶりにおみえになって「先生、うちの子はうまく話ができるんですよ。言葉も読みとれるんですよ。主人もわたしも厳しく厳しく口話教育をしております。手話なんか使ったら厳しく叱ることにしています。あんなみっともない真似を娘にはさせられません」「ああ、そうですか」「先生、この間、昼寝をしてたんですよ。添い寝してて、顔と顔を見合わせて唇で話をして、フッとそれが途切れたときに、娘がわたしを軽く叩いたんですよ。『トントン』『なあに？』。親指と人差し指で喉《のど》をつまんでそれをスッと下に引いたんです。わたしはピシャッと娘の手を叩きました。『なんで手話を使うの。あんなみっともないサルみたいなこと』と叱りました」。

「お母さん」「はい」「それ、手話ですよね」「そうです。だから叱ったんです」「どういう手話かご存じですか？」「えっ？」「親指と人差し指で喉をつまんで下に引っ張る手話は、『好き』という手話なんですよ。お嬢さんは『お母さん、好き』と言葉で言うのが恥ずかしかったんでしょう。でもお母さんが好きなんだということを伝えたかったんでしょう。それをあなたはお叩きになった。お嬢さん、どうされました？」「クルッと振り向いてシクシク泣いていました」。そう言うと絶句し、やがて声をあげて泣かれました。

そのときお母さんがわかったことは、手話が大事なのではない、コミュニケーション、伝えるということだ。そのためにどういう手段を使おうと、筆談であろうと言葉で話すんであろうと、伝わるということが大事なんだ。それからお母さんは、自分から積極的に手話の勉強を始めました。

わたしは、そのとき思いました。そうか、世間には手話に対する偏見《へんけん》があるんだ。

プロ手話通訳者宣言へのバッシング

当時、何やらこの目立ちたがり屋の性格のせいか、手話通訳をよく頼まれていました。ボランティアとして。わたしはライフカウンセリングというチームの主宰《しゅさい》をやっていますから経済的には比較的潤っていました。でも、手話通訳に行くと、後で陰にこっそり呼ばれて謝礼をくださる。「少ない額だけれど」「交通費だ」と言って。「どうしてこれ、みんなの前で渡さないんだ」「これは陰でこっそり渡すことにしているんだ」。

それは、おかしいじゃないか。わたしは耳の聞こえる人の立場でもない、耳の聞こえない人の立場でもない。手話を一つの言葉としてそれを中立の立場で通訳する、よし、そういう仕事をしよう。そう思ったのが、二八歳のときでした。

手話は言葉だ。じゃあ、福祉の世界だけに閉じこめておくことはないんだ。コミュニケーションの世界に、人間が生きている世界に、手話をもっともっと広めればいいんだ。そうすれば、そういう認識も広まるであろう。それから手話を通訳するということがプロ化すれば、それに自分の能力を賭けようという人が必ず出てくるであろう。この二つを賭けたんですが、世間からは見事にバッシングを受けました。今から三〇年ぐらい前ですね。手話通訳者プロ宣言をしましたが、それが理解されず、「結局、金が欲しいんだろ」「障害者を食い物にするのか」と。

実際に今でも忘れられないんですが、講演会の帰りに三人の方々に日比谷公園に連れ込まれて、「この手を潰《つぶ》せば、障害者を食い物にできないだろう」と、石を持ってわたしの手を叩こうとするわけです。ぼくは、たまたま柔道をやっていたので、揉《も》み合っているうちに人が通りかかって助かりました。

でも、その当時のその人たちの気持ちもわかるんです。「なんで福祉の世界で金なんだ。手話というのは耳の聞こえない人たちの立場に立って、いわれなき差別をなくすために、耳の聞こえない人とろうあ運動をいっしょにやっていってこそ、手話を学ぶ人間の資格なんだ」。

それをぼくは認めます。それは正しい。でも、それだけでは手話に対する、耳の聞こえない人に対する評価は変わらない。やはり中立の立場で、ちゃんと言語として通訳する人間がいなければ、ということで、わたしは頑としてプロを通してきたわけです。

かれこれ二四、五年間もバッシングが続きました。本当に最近、四、五年前から非常に周りが穏やかになって。昔「手話の神様」といわれて、それから三〇年経って今は「手話の仏様」といわれております。もう、手話通訳をやってませんので「仏様」。「あれ、じゃあ、手話ニュースは？　永六輔さんや川柳の大木俊秀先生との仕事は、手話通訳ではないのか」と思われる方もいらっしゃるでしょうが、あれは手話パフォーマンス、つまり、手話を素材にしてパフォーマンスをやっている。

現在では手話通訳のベテランの方がいらっしゃって、それでもって生計を立てているのを見て、ああ良かったなと思ったのは、この四、五年です。

四二歳のときに人生を変えた

ぼくが四二歳のときでした。耳の聞こえないご両親が横浜の団地で火事に遭って亡くなったんですよ。その息子を、仮に稔《みのる》くんとしておきますが、稔くんがどうしても言うことを聞かないからなんとか言うことを聞かせてほしいと、ぼくのカウンセリングルームに来ました。だから稔くんとは六歳ぐらいのときからつきあっていたんです。

ところが、横浜の団地で、お父さんお母さんが火事で亡くなったんです。火事が起きても聞こえないんですから。耳の聞こえるのはお嬢さん一人で、稔くんも耳が聞こえなかったたんです。お嬢さんは勉強していたら火事になったので、お父さんを起こす、「トントントントン、火事よ、火事よ」ってやる。するとお父さん「うー、うー」。とっさのことで何が起きたのかわかりませんから。

お父さんは亡くなった。お母さんは、ベランダから飛び降りてそのまんま息を引き取られた。お姉さんも亡くなって。稔も全身包帯で病院に収容された。

それを聞いて、ぼくはそれからカウンセラーをやめたんです。

なぜだと思います？　周りは言うんですよ。稔にとってぼくは必要ですよね。お父さんお母さんが亡くなった。お姉さんも亡くなった。君は一人なんだと伝えるられるのは、こんなに兄弟のようにつきあってる丸山さん、あなたしかいない。

でもわたしは、ダメですと断った。言えるか。（振り絞るような声で）「お父さんは亡くなった、お母さんは亡くなった、お姉さんは亡くなった」。言えます？　それが言えるようなカウンセラーだったらおれはカウンセラーになりたくないって思った。

その翌年、先ほど話しました新潟の地酒づくりの、父とも思っていた叔父が亡くなって、その翌年、弟とも思う従兄弟《いとこ》、三代目の当主は三五歳で亡くなった。その翌年には坂本九さんが亡くなって……。そのとき思ったんです。「おい、死んだら終わりなんだ。おまえほんとに今死んでもいいかい?」。

ちょっと待ってくれ、おれ、何かやりたいことがあるな。おれ、自分が生きてきた証《あかし》、残したいな。おれ、出会いを一人でも多くの人に残したいな。そのためにはどうしたらいいか。セラピストとしてカウンセラーとして手話通訳として、ナンバーワンになることではない。おれにしかないもので、出会いの空気を動かして、一〇〇人出会ったら一人が、一〇〇〇人出会ったら一〇人が、「丸山さんと出会って何か変わった」というような語り部におれはなりたいなと思って、生き方を変えたのが、今から一七年前の四二歳のときです。

ステージパフォーマーとして生きる

そのときはいろいろな公的な仕事に就いていましたが、それから一切を全部清算しました。そのことにシビアに反応したのが、カード会社でしたね。「先生は日本赤十字の事業課長だからこのカードは出るんです。それをお辞めになったんで、カードはすぐ取り上げます」。世の中とはこういうもんだな。そのときに自分は一匹狼《いっぴきおおかみ》で勝負に出ようと思って、全くの裸一貫になって再スタートを切った。

そこからステージパフォーマーとして出会いを心に置かせていただく語り部、こういうクサーい言い方ですが。もっとクサかったんですよ。「感動を売る男」なんて、これはもう、眉唾《まゆつば》もんですよ。それで現在に至ってるんですよ。

最初は比較的に福祉関係の講演会とか教育講演会とか、そういうチャンスが多かったんですけれども、「ああ、もう話を伝えるだけでは人は聞いてくれないな」と。それから、データを掲げるだけでは、もはやみんなは他のメディアでもってそれを知ることができる。以前はデータを掲げるだけで「すごいなあ」と思われたんですよ。

では、データの次に来るものは何だろうか。やっぱり感動だろうな。感動となると単にことば遊びだけではもはやだれも聞いてくれないなあと。とすると、やっぱり空気を動かす、そこには詩の朗読を入れたり、エピソードの語りを入れたり、時として下手ながらも歌を歌ったり、そのためにぼくの講演会をやる。けど、ステージには演卓がないわけですよ。スタンドマイク一本だけ。そこでもって、エピソードを語り、カルチャーをトークし、そういうもので空気が動いていく。

つまり聞いている人と自分との間に爪を立てて、一つの言葉を伝えるのにも「花はなぜ美しいのだろう、ただ一筋の気持ちで咲いているからだ」という八木重吉さんの詩を伝えることによって、人生七〇年、日数に数えて二万五五五〇日、人生八〇年、日数に数えて二万九二〇〇日。と伝えることによって「そうか、日数に数えるとこの程度か」。あと二〇年生きようと思う方、七三〇〇日しかないんですよ。ぼくは来年六〇歳ですから、八〇まで生きるとしてどれだけかなと思ったら、たった七三〇〇日。一日一円貯めて七三〇〇円だ。

ということを、つまりキーワードを「夢は見るもの、希望は叶えるもの」などのキーワードを散りばめながらカルチャートークする。それで先ほどの「好き」というエピソードのような、自分が見聞きし体験したエピソードの語りを三〇分。そして恐ろしいことに、歌も歌っちゃったり。オープニングとエンディングは手話をつける。中のトークとエピソード語りは手話をつけない。それで手話をつけたときの空気の動きと、手話をつけないで言葉だけで空気を動かそうとするときと落差が出てくるわけです。これが空気を動かすんですね。

そして、それを見た、聞いた人たちの何人かが、「ああ、生きているってすごいなあ」「わたし、今のままでいいんだ」と、まず今の自分を肯定する、そんなことを感じてほしいなと。

そこからどんどん展開していって、今、何やら自分のビジョンに近づきつつある。幸せ者だなと思います。自分の思い描いたビジョンに少しずつ近づいていける。そういうチャンスを与えてくれる周りの人たちにわたしは感謝したいし、とっても幸せ者だと思っていますね。

福祉でお声をかけていただいたときに、たまたまそこにいらしたロータリー、ライオンズとか日本青年会議所の方とかが「これだよ。これをわたしたちで呼ぼう」、と。こういう積み重ねですね。今は嬉しいですね。いろんな筋の方々から、依頼のお話があります。最近多いのが、経営セミナーからなんです。信じられないでしょ。こんなキャラクターの濃い話を。「儲《もう》ける時代は終わった。わたしたちは人を残すべきだ」と、そう心がける経営者が増えてきて、そのためにはあの丸山浩路の公演やステージを若い人たちに聞かせるべきだ。ということで経営者からのお声がけが多いですね。

当座はやっぱり収入はゼロなわけですよね。それで、そこから出会いをいただいて、これはものすごい道楽なんですよ。なぜかというと、自分の価値観を説いて報酬をいただくわけですから。ですからよく言われるんです、ぼくも冗談に答えるんですが。「丸山さん何やっているんですか」「詐欺師《さぎし》やっています」と。（笑い）「ええ？」ってみなさんね、びっくりして軽蔑したような顔するんです。「詐欺師です」「なぜですか」「物をお売りしているわけではない、目に見えないものをお伝えして、それでお金をいただく、すごいことだ、それは最高の道楽じゃないかな」。

その「道楽」という言葉に、またみなさんはアレルギーを示すんですよね。道楽イコール遊びだと思っておられる。ぼくはそうじゃない。生きるということ、人生そのものが道楽だったら最高じゃないかなあ。今、ぼくは仕事をしているのが最高に楽しいですから、他の趣味は持てないですね、悪くて。

だから、「丸山さん、趣味は？」「仕事です」と言うと、「またまた」と言われるんですが、ほんとにそうなんですよ。それで、仕事が義務ではなくて、ぼくにとってはやっぱり遊びなんですよね。「遊び」というと、みなさんまた「軽い」とおっしゃるんですが、ぼくはもっと深い意味で、生きるということ自体がやっぱり遊びじゃないかなと思います。そういうことに気がつくようになりました。

今より若いおれはいない

出会いを受け止めさせていただく。そこに差別があってはならない。しかし、嫌いな人もいるだろう、肌の合わない人もいるだろう。その場合「鳴かぬなら殺してしまえ」ではない。「鳴かせてみせよう」でもない。「鳴くまで待とう」でもない。

待ってもだめなんです。それは拷問《ごうもん》なんです。つまりホトトギスは鳴かなきゃならないと思っているわけです。「鳴かぬならそれもまたよしホトトギス」。ホトトギスだから鳴かなきゃならないことはあるまい。人間だから耳が聞こえなければ、自分の足で歩けなければ、そういうことはあるまい。みんな違う波の形なんだから、鳴かないホトトギスがいたっていいじゃないか。

これはかの松下幸之助先生のお言葉なんですよ。わたしはそういう先達《せんだつ》の言葉をお伝えするメッセンジャーボーイとしての自負を持っております。

この二、三年、また生き方が変わってきました。やはり出会いからなんです。一九九七年ですから約二年半前です。両脚の膝から下をカットした原亜衣子さんというお嬢さんに出会ったんです。ちょうど小学校六年から中学一年になるときでした。

ぼくの講演会が終わった後、ロビーでぼくのCDを持ってジーッと車椅子に座って、その側にお母さんがいらっしゃる。それで楽屋に来られました。「どうしたの、骨折したの?」そしたらお母さんが「ガンで足を切ったんです」。その子はこう言うんです。「先生、足なくても手話できるよね」。可愛い子だった。くりくり坊主で。「できるよ」「あたしね、車椅子の手話通訳になるんだ」「そうかい」。

それから二か月後、再発したんですよ。今度は足の付け根が全部なくなっちゃう。本人は

「いやだ」と。お母さんは「手術しなかったらだめだろう、どっちかだ」、と電話をしてきたんです。わたしは言ったんです、「手術しろ」。「だってなくなっちゃうんだよ」「手があるじゃないか、君は手話通訳やるんだろう。三月になったらNHKにおいで。放送センターの前にものすごくきれいに咲くサクラがあるんだぞ。そしてジャニーズジュニアに会いたいって言ったな。ぼく紹介するからさ、そのために切らなきゃいけないんだよ」「マル先生、切る」。

手術して……亡くなりました。翌年のサクラが咲く三月に亡くなったんです。そのときおれは、「よし、これからの生き方はその日その日を生きていく。それは自由に、無責任に生きるということではなくて、その日のことを思いっきり反省してそこで切っちまう。翌日まで持ち越したらそれは後悔になる。今より若いおれはいないんだ」。それをわからせてくれたのは原亜衣子なんです。

「足なくても、手話できるよね」。そして「切れ」と言ったのはわたしで、手術しなかったらずっと生きててサクラが見られたかもしれない。そういう思いを全部背負っているのだから、いいかげんな生き方したくないなと本気に思い詰めてきたのが、この二年ちょっとです。

これからも死ぬまで変わっていくでしょう。生きてることのたった一つの証は、変わること。

ＮＨＫ「課外授業 ようこそ先輩」制作グループ

制作統括	佐藤　傑
	坂上　達夫
プロデューサー	坂上　達夫
演出	深代　卓郎
ナレーション	大沼ひろみ
撮影	伊東　慎治
	安彦龍太郎
共同制作	ＮＨＫ
	ＮＨＫエンタープライズ２１

装幀／後藤葉子（QUESTO）

丸山浩路　クサさに賭けた男
オンリーワン！　それがHALOだ　　課外授業ようこそ先輩　別冊

2000年5月23日　初版第1刷発行

編　者　NHK「課外授業 ようこそ先輩」制作グループ
KTC中央出版

発行人　前田哲次
発行所　KTC中央出版
〒460-0008
名古屋市中区栄1丁目22－16 ミナミビル
振替 00850-6-33318　TEL052-203-0555
〒163-0230
新宿区西新宿2丁目6－1 新宿住友ビル30階
TEL03-3342-0550
編　集　(株) 風　人　社
東京都世田谷区代田4－1－13－3A
〒155-0033　TEL 03-3325-3699
印　刷　図書印刷株式会社

 ISBN4-87758-163-4 C0095

別冊　課外授業 ようこそ先輩

国境なき医師団：貫戸朋子

KANTO TOMOKO

山本寛斎　ハロー・自己表現

YAMAMOTO KANSAI

小泉武夫　微生物が未来を救う

KOIZUMI TAKEO

NHK「課外授業 ようこそ先輩」制作グループ+KTC中央出版［編］

好評発売中／各冊　本体1400円+税